테크노 비즈니스 시대의 하이테크 경영

김상헌

서울 출생. 일본 와세다대학 정경학부와
아오야마대학 문학부를 거쳐,
연세대학교 경영대학원에서 국제경영학을 전공.
저서로는,《이건희, 초일류만이 살아 남는다》
《세계 석학 10인에게 듣는 21세기 새물결》
《고도 정보화 시대와 초감성 시대》
《차세대 비즈니스 발상전략》,《이것이 미래사업이다》
《중소기업의 혁신전략》등 다수가 있음.

테크노 비즈니스 시대의 하이테크 경영

초판인쇄 : 1996년 11월 25일
초판발행 : 1996년 11월 30일

김상헌 지음

펴낸이 : 유명자
펴낸곳 : 도서 출판 장락

본문편집 : 편집부
표지디자인 : 이희재
전산사식 : 나아기획
인쇄 : 상지사
제본 : 남광제본

등록번호 : 제21호 - 251호
등록일자 : 1991년 7월 25일

서울 종로구 인사동 153 - 3 금좌빌딩 205호 우편번호 110 - 290
전화 (02) 735 - 0307, 8 팩스 (02) 735 - 0309

값 8,000원

ISBN 89 - 85262 - 49 - 1 13330

중소기업가와 전략참모, 벤처 창업가를 위한

테크노 비즈니스 시대의 하이테크 경영

김 상 헌

도서
출판 장락

머 릿 말

서양의 문호 헤르만 헤세의 명작 『페터·카멘친트』는 글의 첫 머리에서 〈시대는 로고스가 지배한다…〉는 말로 시작된다. 나치스를 싫어한 헤세는 나치스에 저항하였고, 헤세의 로고스에 공감, 공유하는 사람들의 증가로 마침내 나치는 붕괴된다. 인류는 전진과 진화를 공유한다.

로고스는 무엇인가. 모든 시대를 막론하고 로고스는 존재하며 로고스가 선도한다. 패러다임으로서의 로고스는 이성, 논리, 신화, 언어의 의미이다.

18세기 후반 영국에서 시작된 산업 혁명은 동력 기계의 발견으로 공장제 공업을 발달시켜 근대 산업으로 발전되었다. 산업화 시대의 로고스는 산업화 시대의 가치 인식에서 오는 고생산성 추구, 규격화, 표준화, 대량 생산, 대량 판매 메커니즘, 효율성, 이윤 추구 등이 그 구성 요소에 해당된다.

앨빈 토플러에 의해 분류되는 제1의 물결, 제2의 물결중 산업화 시대의 가치관은 제3의 물결인 정보화 시대의 새로운 가치관에 의해 반란이 일어나고 있다. 그는 제3의 물결을 새로운 행동 규범과 세계적 표준화와 힘의 중앙 집권화를 넘어선 에너지와 부와 권력이라고 주장한다.

한편, 사회학자 다니엘 벨 교수는 그의 저서 『탈공업화 사회』에서 탈산업화 시대와 정보화 시대를 동의어로 다루었다.

정보화 시대의 인간 관계에 역점을 둔 앨빈 토플러나 정보화 시대의 하드와 소프트 면에 좌표축을 둔 다니엘 벨 모두 정보화 시대의 새로운 로고스를 제시하고 있다.

정보화 시대의 도래는 산업화를 전면 부정하는 것이 아닌 것처럼 이러한 성격을 스티븐 S. 코헨의 저서 『탈공업화 사회의 환상』은, 정보화 시대는 산업화의 재부흥에 역점을 두는 고도 산업화 지상주의적 표현으로서, 정보화를 위해서는 산업화에 보다 중점을 두어야 한다고 주장한다.

그것은 산업 사회인 제2의 물결이 도래해도 제1의 물결인 농업 사회는 영원하며, 산업 사회 역시 정보화 사회의 도래와 더불어 여전히 지속된다는 것을 의미한다. 새로운 시대의 새로운 로고스의 부가를 의미하는 것이다.

산업화를 보다 고도화시키는 성격을 지닌 정보화 시대의 로고스는, 이를테면 인류의 삶의 질의 향상을 위한 새로운 소비자와 생산자의 관계, 지역 사회와의 관계, 지구 자연 환경과의 관계 등을 형성하는 것들이다.

정보화 시대의 기업 로고스는 〈아름다운 경영〉이다. 아름다운 경영 로고스에 21세기 우리 기업의 존재 의의와 목적을 더해 삶의 질의 향상이라는 새로운 로고스에 도전할 때, 고득점이 예상되는 분야가 하이테크 산업과 하이테크 경영이다.

본서는 첨단과학 기술의 동향과 함께 제1장에서는 하이테크의 개괄적 설명을, 제2장에서는 일렉트로닉스, 정보통신, 기계 분야, 제3장에서는 창조적 과학 기술 테마 중 신소재 기술 동향을, 제4장에서는 생명공학, 의료, 보건 분야의 바이오 테크놀러지를, 제5장에서는 메카트로닉스를 대표하는 로봇에 대해 논하였다.

특히 제6장은 21세기 첨단 산업을 경영적 관점에서 조명, 성공 사례와 경영 자원의 문제점을 중소기업가와 벤처 창업가의 시각에서 논하였다.

1996년 3월, 김상헌 씀

테크노 비즈니스 시대의 하이테크 경영 / 차례

약점을 강점으로 전환하라

한 분야에 철저히 투자하라

성장력을 찾아라

인력난을 해소하라

TECHNO BUSINESS

제1장
첨단산업이란 무엇인가

최첨단 산업의 총괄

우리가 사용하고 있는 〈최첨단 산업〉이라는 명칭은 처음에는 〈하이테크놀러지 인더스트리 hitechnology industry〉라는 편리한 명칭으로 불리었다. 옮기기에 적당한 우리말 두세 가지 예를 들어보면 〈기술첨단 산업〉, 〈첨단기술 산업〉 그리고 〈고기술 산업〉 등이다.

이처럼 하나의 명칭에 다수의 명칭이 혼재하는 현상은 이 산업 자체가 아직 어리고 〈젊은〉 단계에 있다는 것을 의미한다. 따라서 이 분야의 성장 가능성은 높다.

하이테크놀러지 인더스트리로 정리되는 첨단기술 산업의 상품 사례 또는 기술 사례를 경영적 관점에 제한한다고 해도, 사례 전부를 조명한다는 것은 불가능하다.

또한 이 중에는 상품 가치 측면에서 성공한 케이스와 그 반대의 케이스도 있다. 우선 성공한 대표적 사례 중의 하나가 VTR이다. VTR은 이미 우리 생활에서 떼어놓을 수 없는 상품으로 완전히 비즈니스적 이륙에 성공하여 수익화에 성공한 상품이다.

이 외에 공업용 로봇을 들 수 있는데 기업적 가치 측면에서 전망이 밝은 제품이다.

한편으로는 초전도성을 이용한 요셉슨 소자와 같이 상업 생산되지 않는 것도 있다.

LSI 상품 또는 기술이라 할지라도 집계에는 상당한 차이가 날 수 있다. 특히 하이테크 기술 상품은 그 규모나 크기가 다양하며, 시간적인 상업적 테이크 오프take off의 시기도 다양하다.

LSI 첨단 산업을 어떤 공통점을 찾아서 분류해보면 그 숫자는 상당히 감소하게 된다. 이를테면 〈초 LSI〉, 〈요셉슨 소자〉와 같은 상품군을 정리해보면, 컴퓨터 소자라는 하나의 카테고리에 들어가게 된다.

이와 같이 LSI 상품군과 관련있는 제품을 분류 정리하면 48가지 첨단산업 분야로 나뉜다.

이 48첨단산업 분야에서 공통점을 찾아서 정리하게 되면 13가지 산업 분야로 나뉜다. 또한 13항목을 첨단기술 산업의 공통점별로 구분하면 5가지 첨단산업 분야로 집약된다. 여기에 해당되는 산업 분야는 일렉트로닉스 산업 분야, 생명공학 산업 분야, 메카트로닉스 산업 분야, 신소재 산업 분야이며 현재 이들 분야가 집중 조명되고 있다.

첨단기술 산업 모두에 해당하는 공통적 특색은 첫째, 응용 범위가 넓다는 점 둘째, 사회 생활에서부터 기업에 이르기까지 커다란 변화를 줄 수 있다는 점이다.

그 예로 바이오 테크놀러지 기술의 최첨단 기술 동향에 대한 뉴비즈니스의 가능성을 중소기업가적 입장에서 살펴보기로 한다.

구체적인 내용의 전개는 크게 4가지로 나누어 서술하기로 한

(표 1-1) 13개 산업 분야와 48개 첨단산업 분야

산업 분야	첨단산업 분야	내 용
1. 컴퓨터	1. 컴퓨터 소자素子	초 LSI 요셉슨 소자
	2. 프로세서	광 컴퓨터
	3. 컴퓨터 주변 기기	패턴 인식, 음성 인식
	4. 소프트웨어	자동 프로그래밍 시스템
2. 일렉트로닉스	5. 오프 일렉트로닉스 컴퍼넷	레이저 포터카브러
	6. 오프 일렉트로닉스 시스템	광 통신
3. 메카트로닉스	7. 기기	산업용 로봇, 자동 로봇
	8. 시스템화 기술	
4. 텔레커뮤니케이션	9. C&C 구성기기 서브 시스템	쌍방형 TV위성통신
	10. C&C 퍼블릭 시스템	대기 오염 관리 시스템
	11. C&C 비즈니스 시스템	예금 온라인 시스템
	12. C&C 홈 시스템	CATV
5. 사무 자동화OA	13. 미디어	DPC, 팩시밀리, 워드 프로세서
	14. 정보 처리	오피스 컴퓨터
6. 메디컬 일렉트로닉스ME	15. 메디컬 일렉트로닉스	VTR
7. 홈 일렉트로닉스HE	16. 레크로 일렉트로닉스	하우스 컨트롤
	17. 홈 서프트 시스템	
8. 바이오 테크놀러지	18. 바이오 리액터(공업용 생체 반응 이용 기술)	단세포 단백 이용 바이오 리액터
	19. 세포 대량 배양 기술	항생 물질, 발효 생산
	20. 유전자 조작 기술	항생 물질, 신효소
	21. 세포 융합	동물 세포 융합, 식물 세포 융합

9. 에너지	22. 에너지,폐에너지 이용	발전
	23. 석화 에너지원 확대	COM, 석탄 가스화, 액화
	24. 자연 에너지원 활용	화력 발전
	25. 핵 에너지	고속 증식로, 핵 융합로
	26. 기타 에너지	전자 유체MHD 발전
10. 신소재	27. 반도체 재료	실리콘
	28. IC 패키지 재료	알루미나 세라믹
	29. 고온·내열 재료	케이소
	30. 압전 재료 티탄산	발륨
	31. 가전·산업용 세라믹	도전성 세라믹
	32. 센서 재료	광 센서
	33. 광확 재료	광 파이버
	34. 초미립자 재료	페라이터
	35. 금속 재료	티탄 합금
	36. 고분자 재료	폴리카보네이트
	37. 복합 재료	플라스틱계 재료
11. 항공·우주·군사	38. 의용 재료	인공 골
	39. 항공	저연료 제트 엔진
	40. 우주	인공 위성
12. 자원 개발	41. 군사	군용 일렉트로닉스
	42. 신식용 재료 자원	오키아미,석유 단백질
	43. 해수·해저 자원	해저 망간
13. 소프트 기술	44. 대륙붕 개발	리브
(신서비스 시스템)	45. 생활 개발 서비스	외식 산업
	46. 생산 관련 서비스	플랜트 설계·시행
	47. 물류·유통 관련 서비스	신교통 서비스
	48. 산업소 상대 서비스	리스·정보 처리 서비스

다. 첫째, 최첨단기술 산업의 총괄적인 개요 둘째, 중소기업의 활동 소개 셋째, 첨단기술을 기업화하는 데 있어서의 과제와 문제점 넷째, 미국의 뉴비즈니스 사례 등이다.

당시 우리나라는 이 상품의 기술이 없었으며 듀폰사와 ICI사로부터 수입해야 하는 상황이었다. 그러나 현재의 첨단기술 산업 상품은 각 나라마다 약간 정도의 차이는 있다 하더라도 미국에 없으면 우리나라에도 없고, 유럽이나 일본과 같은 나라에 없으면 우리나라에도 없다는 특색을 지니고 있다.

이러한 점에서 우리나라 기업의 하이테크 산업 분야는 세계 각 기업과 동일선상에서 출발할 수가 있다.

하이테크 산업의 네 번째 특색은 자본 집약적 산업이라는 점이다. 이 산업을 발전시키기 위해서는 엄청난 비용이 필요하다는 말이다.

그러나 연구 개발비는 많은 액수가 필요하지만 대규모의 토지가 필요하지 않다는 점과 인원이 많이 필요하지 않다는 특색, 대규모 설비가 없어도 된다는 특징이 있다. 이와 같은 특징 때문에 오랜 기간에 걸쳐 투자했을 때 성과가 없으면 투자액을 환수할 수 없는 위험이 있다.

다섯 번째는 여러 가지 다양한 방면으로 진출할 수 있다는 가능성을 꼽을 수 있다.

이를테면 공업용 로봇 한 분야에 약 200여 개의 회사가 진출해 있다. 이들 회사들 중에는 자동차 메이커도 포함되어 있으며, 그 외에 일렉트로닉스 회사나 기계 메이커에 이르기까지 다양한 회사들이 참여하고 있다.

이러한 현상이 나타나는 요인은 참여한 회사들이 기술 관계로 진출한 경우도 있고, 마케팅 관계로 진출한 경우도 있기 때문이다. 이와 같이 각자 고유 분야의 여러 업체에서 진출할 수 있다는 것은 첨단기술 산업 분야의 중요한 특색 중의 하나이다.

그러나 용이하게 참여할 수는 있지만, 이 분야에서 진정한 승리자가 되기 위해서는 경쟁사보다 더욱 열심히 노력해야 한다는 숙제를 안고 있다.

성공 요인은 무엇인가

첨단산업 분야에 진출한 기업들을 성공으로 이끌어줄 수 있는 성공 요인, 즉 기업적 성공에는 다음 5가지 항목이 꼽히고 있다. 그 성공 요인을 구체적으로 열거하면 다음과 같다.

첫째, 경영자의 의식이다. 현재의 경영자가 첨단기술 산업에 대한 정확한 이해를 갖고 있느냐 하는 점이다. 더불어 첨단산업 기술 발전 방향에 대한 확고한 비전을 갖고 있느냐 하는 점이다. 그리고 자사의 〈경영 자원〉을 적절하고 효과적으로 활용할 수 있는 판단력을 갖추고 있는가의 여부가 성공 요인의 첫 번째 조건이다.

여기에서 의미하는 경영 자원은 인재(생산과 개발을 담당하는 인재), 자금(설비 자금 및 연구 개발 자금), 기술, 토지, 건물 등이다.

현실적으로 어느 기업이 새로운 분야에 확신을 갖고 자사의 경영 자원을 투여한다고 할 때, 장래에 대한 판단은 그 회사를 흥하게 하거나 망하게 만들 수도 있다. 예컨대, 합성수지의 장래성을 예측하지 못하고 천연수지를 고집함으로써 실패를 했던 방적회사가 그 예이다.

위의 방적회사의 경우와 같이 현재 하고 있는 일이 순조롭게 수익이 올라갈수록 장래성에 대한 판단을 내리기가 어렵다.

둘째, 자금의 문제이다. 첨단기술 산업 분야로 진출하려고 하면 거액의 자금이 필요하게 된다. 정부나 금융기관에 의존하는 것은 한계성이 있다. 무엇보다도 첨단기술 분야로 뛰어들려면 막대한 연구 개발 비용이 필요하다.

따라서 현재의 수익이 풍부하고 축적된 자금이 확보되어 있어 일정 기간 동안에 큰 부담 없이 연구 개발 비용을 감당해낼 수 있을 때, 비로소 첨단기술 산업에 진입할 수 있다. 처음에는 쉽게 생각하고 시작했어도 진행하다 보면 비용이 예상 외로 많이 들어가고 결과가 불확실한 경우도 있다.

바이오 테크놀러지의 경우 이 분야에 진출하기 위해서는 1년 동안에 적어도 10억 원 정도의 자금을 가지고 10년간 계속 쏟아부을 수 있는 준비가 되어 있어야 한다. 현재 적자를 보는 기업이 이 분야에 진출할 수는 없다.

셋째, 기초기술이 어느 정도 축적되어 있느냐 하는 문제이다. 이 분야에 진출하려고 하는 기업의 축적된 기초기술이 있느냐 없느냐 하는 점이다. 이 분야는 현재 21세기의 황금알을 낳는 산업으로 인식되어 세계 어느 나라 어느 기업에 가서 문을 두드려도 정보 수집이나 기술 도입이 용이하지 않다. 용이하지 않다기보다 거의 불가능하다.

따라서 이 산업 분야의 기술을 가지고 있는 기업이나 세계적인 유명 대학들조차도 정보나 기술의 유출 방지에 철통 같은 방어를 유지하고 있고, 상호 정보 교환에서도 철저하게 상대가 자기에게 무언가 이익이 될 때 비로소 자기도 그에 상응하는 만큼 내주는 정도이다.

이와 같이 냉엄한 현실 상황에서 이 분야에 진출하는 기업은 처음부터 끝까지 자신의 힘으로 이끌어나갈 수 있어야 하며, 정보 교환이나 기술 교류를 할 수 있는 능력을 가지고 있어야 하고, 이러한 상황을 견딜 수 있는 잠재력potential이 있어야 한다.

이 분야에 진출하려는 기업이라면 적어도 기본적인 일렉트로닉스 또는 케미컬의 기초기술이 축적되어 있어야 한다. 즉 정보 교환을 이루어낼 수 있는 토대가 마련되어 있어야 하는 것이다. 따라서 이 분야와 전혀 관련이 없는 상태에서 시작한다는 것은 무리이다.

넷째, 소비자와 얼마나 밀접한 관계를 맺고 있는가 하는 점이다. 소비자의 욕구needs를 정확하게 파악해낼 수 있는 채널이 있어야 한다. 이를테면 로봇 회사가 식품 포장용 로봇을 만들어내려고 할 때 포인트가 되는 것은, 식품 회사의 욕구를 어떠한 방식으로 흡수하느냐 하는 것이다. 또한 가전제품 회사인 경우 홈 일렉트로닉스인 소비자의 욕구를 어떠한 방법으로 흡수하느냐가 중요한 문제가 된다. 따라서 현재 채널이나 유통 구조를 갖고 있는 회사 혹은 기업은 그만큼 우세한 입장에 서게 된다.

다섯째, 해외 다른 선진국과의 정보 교환이나 기술 교류의 가능성이다. 이것이 현재 가능한 기업이라면, 그 기업의 상층 경영

진은 이미 다른 국가와의 정보 교환이나 기술 교류가 첨단산업 분야에서는 무엇보다도 중요하다는 사실을 이미 인식하고 있으며, 실행에 옮길 수 있는 인재를 확보하고 있다는 이야기이다.

이상과 같은 5가지가 미래 황금알을 낳는 첨단기술 산업의 성공 요인으로 꼽히고 있다. 이것을 요약하면 다음과 같다.

첫째, 경영자의 의식

둘째, 자금적 여유

셋째, 기초기술의 축적

넷째, 소비자와의 채널의 유무

다섯째, 다른 선진국과의 정보 교환이나 기술 교류의 중요성의 인식이 그것이다.

첨단기술 산업을 분류하고 정리한 결과를 크게 5가지의 공통점과 5가지의 성공 요인으로 정리해보았다. 이 결과를 놓고 볼 때 21세기 황금알을 낳는 첨단기술 산업 진출에 있어서 어느 면을 보더라도 대기업이 유리하며, 중견기업 또는 중소기업은 불리하다는 점이다.

이러한 관점에서 생각할 때 21세기에는 중소기업이나 중견기업의 부단한 노력 없이는 긍정적 상황이 전개될 수 없다. 따라서 중소기업이 향후 21세기 황금 산업 시장인 첨단산업 분야에 어떻게 진입할 수 있는가 그것이 과제이다.

21세기 황금알을 낳는 첨단기술 산업은 〈전적으로 연구 성과에 달려 있다〉고 할 정도로 두뇌에 대한 의존도가 지극히 높게 나타난다. 21세기 기업 경쟁에서 성공하기 위해서, 또는 21세기 국가 경쟁력의 우위적 확보를 위한 세계 각국과 기업의 두뇌 유치 작전은 상상을 초월한다.

이를테면 싱가폴의 경우 박사 학위 소지자에게 즉석에서 영주권을 내줄 정도로 인재 확보에 적극성을 보이고 있다. 삼성의 이건희 회장은 21세기는 1만 명의 종업원보다는 단 1명의 두뇌가 더 필요하다는 말을 하였다. 이것은 차별이 아닌 구별이라는 의미에서 21세기의 하드웨어 시대에서 소프트웨어 시대로의 변화에 따른 〈두뇌의 중요성〉을 강조한 것이라고 해석할 수 있다. 이러한 현상은 이미 걸프전쟁에서 확인이 되었다.

중소기업이 대기업보다 불리한 것은 연구 개발비이다. 대기업의 연구 개발 비용은 중소기업보다 훨씬 많은 액수가 책정되어 있다. 또한 기술자의 수나 기초기술의 축적 면에서도 대기업이 중소기업보다 유리하다. 그러나 하이테크 산업 분야가 절대적으로 대기업에게 유리한 것만은 아니다.

그러면 중소기업이 유리한 점은 무엇인가. 하이테크 산업에 진출하는 중소기업이 이 분야에 진출하는 데 있어서 중요한 것은 〈창조력을 살릴 수 있는가〉 하는 점이다. 이 분야에 진출하는 중소기업은 대기업에 비해 여러 가지 면에서 불리하므로, 창조력을 발휘할 수 있는 중소 규모의 기업으로 성장함으로써 유리한 입장에 서자는 것이다.

그러나 다음과 같은 의문이 없는 것은 아니다. 예외적인 경우가 있기는 하지만 확률 면에서 대기업에 우선권을 빼앗기는 것은 부정하기 어려운 사실이다. 이것을 뒷받침해주는 것이 앞서 언급된 경영 자원의 크기 차이이다. 따라서 중소기업은 기업 제휴 등과 같은 다각적인 전략을 모색해 볼 수 있을 것이다.

즉, 작은 규모의 여러 기업이 하나의 공동 목표를 위해 한 덩어리로 뭉쳐 대기업과 경쟁을 벌이는 방법도 고려할 만하다.

어떤 기업이 하이테크 분야로 진출하는가

21세기 황금알을 낳는 하이테크 산업에 어떤 기업이 어떠한 형태로 진출하게 될 것인가를 구체적으로 살펴본다.

도표를 참조해보면 세로축은 1980년도 생산액을 나타내고 있고, 가로축은 90년도의 예상 생산액을 나타내고 있다. 첫 번째 우측 상단의 홈 일렉트로닉스H·E의 가로축은 7천억 원 정도이다. 세로축은 5조 원에 가깝다.

즉, 80년도의 시장 규모는 70억 원 정도였던 것이 90년에 들어서서 5조 원으로 변화된 것이다.

이 외에도 바이오 테크놀러지와 자연 에너지, OA 정보 기기, 메디컬 일렉트로닉스M·E 등의 규모는 계속 신장될 것으로 예상되고 있다.

이러한 수요를 예측해볼 때 마이크로 일렉트로닉스 시장과 같은 13개의 산업 분야는 계속 성장할 것으로 예측되며, 특히 컴퓨터 관련 산업은 앞으로 크게 발전할 가능성이 높은 분야이다.

흥미로운 것은 앞서 살펴본 바와 같이 종합적으로 하이테크 산업 분야에 중소기업이 대기업보다 불리하다고 분석하였으나, 하이테크 산업 분야 중 현재 성장을 거듭하고 있는 컴퓨터 관련 회

(표 1-2) 시장 규모 비교

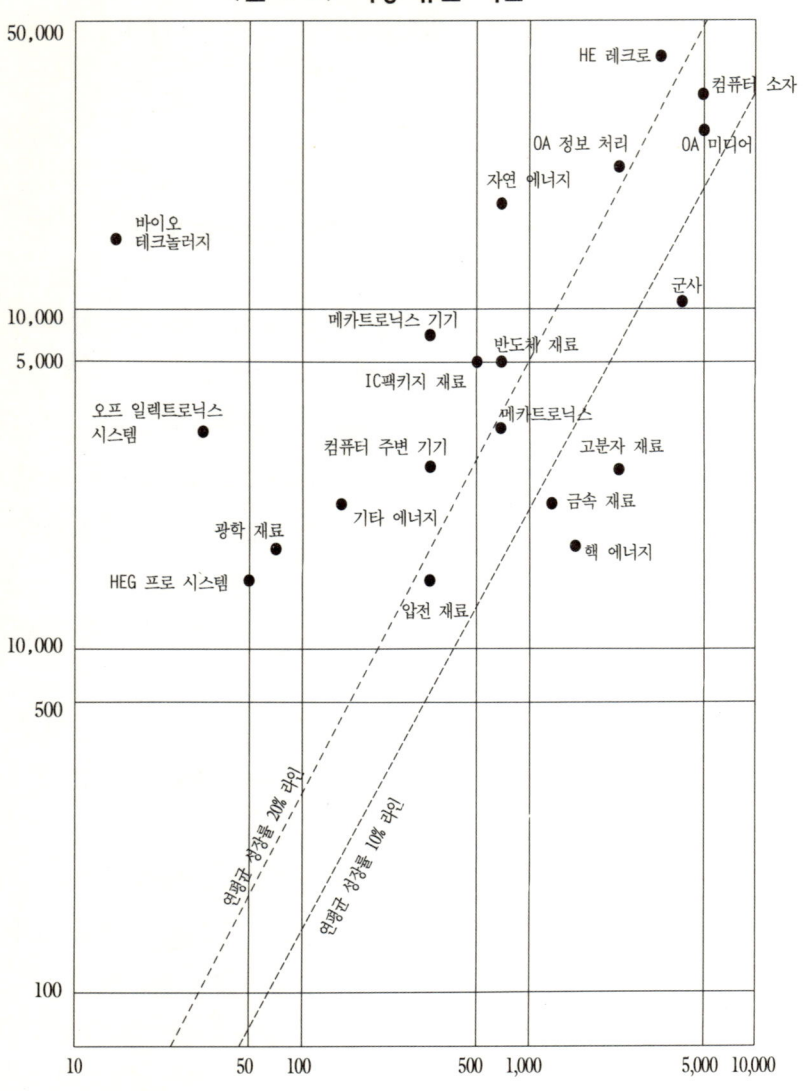

자료: '80 시장 규모, W.S.J 1982.

사들 가운데 우리나라에서 비교적 지명도가 있는 상장회사 외에
비상장회사가 전체 3분의 1을 차지하고 있다는 점이다.

　이러한 비상장회사들 중에는 지명도가 없는 컴퓨터 제조업체나
주변기기 또는 OA 관련 기기 제조 회사가 대부분이다. 또한 자동
적으로 그래프를 그려내는 그래프메이스지나 워드 프로세서와 같
은 전문 회사도 있고, 그외 다양한 기업이 참여해서 분발하여 성
과를 올리고 있어서, 하이테크 산업 분야의 중소기업의 진출 가능
성을 밝게 해주고 있다. 이들 컴퓨터 관련 비상장기업들 중에는
상당한 성장력까지 갖추고 있는 기업체도 많다.

TECHNO BUSINESS

제2장
일렉트로닉스 사업 부문

비즈니스 가능성을 향해 도전 정신으로

생활 감각이라는 측면에서 살펴볼 때 예술가는 과학자나 기술자보다 훨씬 높은 평가를 받을 수 있다.

1996년 2월 현재, 서울 어린이대공원 박물관에서는 공룡전이 한창 열리고 있다. 한때 공룡이 파충류인가 또는 포유류인가 하는 문제가 학회에서 쟁점이 되어 격론이 전개된 적이 있다.

공룡이 어떠한 생활을 했는가에 대해서는 다윈의 〈진화론〉이 활발히 논의되던 1858년부터 지금까지 여전히 논의의 대상이 되고 있다. 당시 화가가 상상으로 그려낸 공룡의 생활상은 같은 시대 과학자들이 갖고 있던 이미지와는 전혀 달랐다.

그러나 50여 년의 세월이 지나는 동안 이러저러한 근거들이 제시되었고 지속적인 연구가 진행된 결과, 오늘날 우리가 알고 있는 공룡의 생활상은 놀랍게도 18세기의 화가가 구상한 그림과 거의 흡사하다.

경영인의 비즈니스에서도 이와 같은 상황 논리가 종종 동일하게 재현된다. 이를테면 바이오 테크놀러지 비즈니스에서 화학 구조나 방정식을 세우는 등의 차원 높은 사고보다 중요한 것은, 인간의 감각과 상식이 근간이 되어야 한다는 점이다. 이렇게 할 때 사실에 근접한 객관적인 비즈니스가 가능하다.

과학자는 어떤 종류의 공상空想에 대해 〈그러한 것은 불가능하다〉라고 간단하게 단언할 수 있다. 현명한 경영인이라면 그러한 해석을 부분적으로 이해할 필요는 있어도 총체적으로 수용하지는 않는다.

시대는 변화한다. 오늘은 불가능하지만 내일은 가능할 수 있으므로 언제라도 그 가변성을 배제해서는 안 된다. 18세기 초에는 〈인간이 하늘을 날아다닌다는 것은 절대 불가능하다〉는 것이 지배적인 인식 수준이었다. 더욱이 인간이 하늘을 날 수 없다는 추론을 증명하기 위한, 많은 수학자들이 날카롭고 명료하게 논급했던 자료는 오늘날까지 남아 있다.

오늘날 우리는 비행기를 타고 하늘을 나는 시대를 살고 있다. 경영인들이 바이오 테크놀러지 비즈니스를 할 때 〈실생활에 근접한 현상을 전제〉로 해야 한다. 그러한 기대와 발상이 앞으로의 바이오 테크놀러지의 진보를 결정해나갈 것이다.

바이오 테크놀러지는 노벨상 수상자가 만들어내기보다 사람들의 욕구와 창조적인 발상으로부터 출발해야 한다. 기술의 최종 목적은 〈인간의 삶의 질의 향상〉에 있다. 이 점을 잊고서는 비즈니스가 성립될 수 없다.

무분별하게 특별함과 개성만이 강조되고 단지 기술을 위한 기술이 되어, 기존 질서를 혼란으로 몰고 가는 비즈니스는 공감을 얻지 못할 것이다.

일렉트로닉스

일렉트로닉스 기술은 현재 모든 산업과 공장, 사무실 그리고 가족과 일상 생활을 보내는 장소인 가정에 이르기까지 이미 모든 생활에 침투해 새로운 환경을 만들어내고 있다. 새로운 삶의 방식과 모습을 만들어내고 있는 일렉트로닉스 기술에 대한 이해를 개괄적으로 고찰해보기 위해, 일렉트로닉스 기술 혁신의 의의와 성격에 대해 알아본다.

최근 붐을 일으키고 있는 이노베이션(inovation : 혁신)의 성격은 일렉트로닉스 중심의 이노베이션이다. 세계 각국의 통상 관련 분야에서 주요 연구소들이 발표하는 잠재 성장력에 이르기까지 공통되는 특징 중 하나는, 일렉트로닉스와 바이오 테크놀러지(생명 공학)가 첨단 소재 산업으로 성장력이 높다는 점이다. 따라서 세계 각국의 많은 기업들이 주력하고 있는 부문은 일렉트로닉스이다.

코스트, 이노베이션 혁신 시대

일렉트로닉스 분야가 지속적으로 혁신적인 기술이 나오는 분야

만은 아니다. 현재 중핵을 이루고 있는 〈초 LSI〉(대규모 집적회로)
도 트랜지스터가 IC(집적회로)로, 다시 IC가 LSI로 발전되어 현재
의 초 LSI 단계에 와 있다.

집적도集積度는 획기적으로 향상되었지만 그 원리는 기본적으
로 변한 것이 없다. 현재 기술 수준은 다만 종래 기술의 성숙기에
들어 있는 일면을 지니고 있기도 하다.

기술적으로 아무런 새로운 원리가 나오는 것이 아님에도 불구
하고 일렉트로닉스 관련 산업은 크게 신장하고 있다. 이 분야에서
의 경쟁과 혁신의 핵은 〈코스트, 이노베이션〉과 〈응용 이노베이
션〉으로 집약된다.

초 LSI와 같은 반도체 집적회로는 5년 사이에 10배로, 10년 사
이에 100배라는 놀라운 속도로 빠르게 진보하고 있다. 초 LSI의
경우 크기가 가로세로 4, 5밀리미터 정도의 실리콘 칩에 트랜지스
터와 다이오드, 저항 등의 소자素子가 들어가 있다.

반도체는 컴퓨터의 기억 장치(메모리)로 사용된다. 반도체의 집
적회로가 늘어남에 따라 메모리의 기억 용량은 경이적인 속도로
신장하고 있다. 하나의 신호를 기억하는 메모리의 단위가 〈비트〉
이므로 1천 비트는 1킬로 비트이다. 그 외 기억된 정보를 자유로
이 쓰거나 지우는 능력을 가진 메모리 〈RAM〉이 있다.

6만4천 비트의 기억 용량을 가진 메모리는 64킬로 비트로, 64킬
로 비트 정도면 수십만 소자가 들어 있으므로 초 LSI에 속한다.
초LSI에서 4메가 정도에 집적도 1천만 정도로써 문자를 50만 정
도 기억할 수 있다. 즉 50만 정도의 문자를 4, 5밀리미터 정도 크
기의 판이 기억하는 것이다.

초 LSI는 가는 선으로 회로를 그리며 그 회로에 트랜지스터나 저항과 같은 소자가 들어 있는 것으로, 1천만 정도의 집적 정도이면 1미크론(1밀리미터의 1,000분의 1) 또는 0.5미크론 정도되는 가는 선[細線]이다. 가로 5밀리미터, 세로 5밀리미터의 칩을 가로 100미터, 세로 100미터 크기로 확대했을 때 잠실야구장 크기 정도가 된다. 이때 1미크론은 2센티미터에 해당할 것이다. 즉 잠실야구장 크기를 2센티미터 폭으로 회로를 그리는 것이다. 이 회로에 트랜지스터가 들어 있다.

다른 예를 제시한다면, 잠실야구장 속에 진공관 1천만 개를 가득 채워 넣고 이것을 회로로 연결하여 얻을 수 있는 능력(진공관은 예전의 트랜지스터 역할을 했으며 대체적으로 직경이 2센티미터 정도인 시기도 있었음)을 가로세로 5밀리미터 정도 크기의 집적도 1천만, 4메가 비트 메모리에서 얻어낼 수 있다. 진공관 1천만 개를 연결해서 얻어낼 수 있는 능력을 가로세로 5밀리미터 정도의 실리콘 칩이 가지고 있는 기술 시대로 진보한 것이다.

가격 면에서도 점차 코스트 다운cost down이 진전되고 있다. 성능은 5년 사이에 10배, 10년 사이에 100배로 향상되는데 비해 반비례하여, 가격은 반대로 5년 사이에 10분의 1, 10년 사이에 100분의 1로 내려가는 식이다. 앞으로도 일렉트로닉스의 수요는 계속 늘어날 것이며, 매우 광범위한 범위에 걸쳐 일렉트로닉스 소자가 확산될 전망이다.

일렉트로닉스 기술의 특징

일렉트로닉스 기술 진보가 빠른 것은 기본적으로 기계 기술과 성격이 다른 데서 오는 면도 가지고 있다. 지금까지의 기술은 성능을 향상시키거나 능력을 배가시키기 위해서는 당연히 크기나 중량을 늘려나가는 식이었다. 이를테면 비행기나 자동차와 같은 경우 커패서티capacity를 올리거나 스피드speed를 올리기 위해서 중량이 증가되었다.

중량을 늘려나가는 기계 기술에는 한계가 있다. 550인승 점보제트기에서 1000인승 점보제트기가 제작된다는 이야기는 오래 전부터 있었으나 이를 실현하는 데는 많은 문제점이 있다. 제트기 제작 기술 외에도 공항의 넓이와 같은 여러 가지 물리적 제약으로 인해, 550인승 이상의 점보제트기를 만든다는 것은 쉽지 않은 일이다.

일렉트로닉스의 경우 정보 기술이 기본이므로 성능을 향상시키는 데에는 반드시 크기가 중량에 비례하지 않는다. 오히려 역비례하는 현상마저 보이고 있다.

집적회로가 그 전형적인 예에 속한다. 트랜지스터와 트랜지스터 사이의 신호를 전하는 〈속도〉는 성능과 관계가 있으므로, 소자와 소자 사이의 거리가 짧으면 짧을수록 성능이 더 좋아진다. 따라서 집적도를 높이는 것이 바로 성능 향상으로 연결된다.

이와 같이 정보 기술의 경우 〈크기〉나 〈중량〉의 제약을 받지 않으므로 빠른 추세로 진보를 거듭하고 있다. 이러한 배경으로 LSI나 마이컴의 가격은 점점 내려간다. 가격이 낮아지면 얼마든지 다양한 사용이 가능해지므로 응용의 이노베이션 시대를 맞이하게 되는 것이다.

응용의 이노베이션 시대의 도래는 일렉트로닉스에 한정되지 않는다. 광 파이버나 반도체, 레이저 또는 CCD 등도 일렉트로닉스와 비슷한 성격과 발전 속도를 가지고 있다. 이들은 모두 최종 제품이 아니며, 이들을 기계에 부착시켰을 때 부착된 기계의 성능이 더욱 고도화되거나 종래에 없던 새로운 개념의 기계를 탄생시키는 성격을 지닌다. 따라서 비즈니스 시대에 이들의 응용 또한 중요하다.

첨단기술의 대중화

초 LSI를 개발하거나 고도화시키는 것도 중요하지만, 이에 못지않게 개발된 기술을 어떻게 잘 응용할 것인가 하는 것 또한 중요한 의미를 가진다.

일반적으로 〈이노베이션 inovation〉의 개념은 완전히 새로운 무엇인가를 할 수 있다는 뜻만은 아니다. 오늘날의 기술 혁신은 응용 범위가 매우 넓다. 기술 혁신은 모든 산업에 걸쳐 일어나고 있고 산업과 산업의 경계를 불분명하게 만든다.

모든 산업에 일렉트로닉스 기술이 적용되기 시작했고 이미 폭넓게 응용되고 있다. 반도체는 음식에서의 조미료처럼 모든 산업에서 꼭 필요해지는 시대를 맞이하게 된다. 첨단기술의 대중화 시대이다.

기계는 산업혁명으로 증기기관이라는 모터를 가질 수 있었다. 모터는 기계의 〈심장〉이다. 심장을 가진 기계가 〈두뇌〉라는 정보 기능을 가진 시대가 정보 혁명 시대이다.

정보 혁명 이전에는 산업혁명이 있었고, 산업혁명 이전에는 농업 혁명이 있었다. 이러한 혁명을 문명론적 시점에서 보면, 각각의 혁명이 갖는 중심적 혁명이라 할 수 있는 핵심 혁명이 점차 확산되고 대중화되는 현상을 볼 수 있다. 이를테면 산업혁명이 일어날 당시의 〈에너지〉가 그 예이다.

이러한 관점에서 정보 혁명 시대의 중심이 되는 일렉트로닉스 기술, 일렉트로닉스 혁명의 핵이라고 할 수 있는 〈마이컴〉이 확산되고 대중화되는 것은 시간 문제이다.

마이컴은 어디까지 확산될 것인가. 마이컴의 확산이라는 개념 이해를 위한 예를 들어본다.

예전에는 가정용으로 사용하는 방 안에 설치된 전등선이 유일한 선이었다. 하나의 선에 전등을 달아 사용했다. 라디오를 듣고 싶거나 다림질을 할 필요가 있을 때는 2단 또는 3단 소켓을 사용했다.

현재는 가정용 방 안에 대부분 컨센트가 2개 또는 3개 정도 있어, 소켓을 사용할 필요가 없을 정도로 전등선이 널리 보급되었다.

이와 같이 마이컴도 마치 전등선처럼 확산되어, 마침내 기계에 사용되는 나사의 역할 수준으로 보편화되어 널리 사용되리라는 예상이다. 응용 면에서도 마이컴을 응용하고 사용하는 기업은 전기 기술 계통만이 아니다. 기계 기술을 중심으로 기업도 폭넓게 응용할 것으로 예상되고 따라서 마이컴은 더욱더 확산될 것이다.

마이컴과 기계를 연결하는 센서

마이컴 비즈니스만큼 중요하게 여길 수 있는 비즈니스는 센서 비즈니스이다. 마이컴이 〈두뇌〉에 비유된다면 센서는 오감에 해당되는 〈신경〉이다. 우리 기업이 개발의 중요성을 인식해야 하는 부분이 센서이다.

센서가 마이컴에 비해 개발이 늦어진 것은 마이컴과 센서의 기술적 차이 때문이다. 이 두 기술은 비슷한 것 같으면서도 전혀 다르다.

그것은 〈집약적〉 성격과 〈다양한〉 성격의 차이이다. 즉 마이컴 메모리는 집약적 기술로서 연산演算하거나 기억하는 기능이므로, 기술은 〈보다 빠르고 보다 많이〉라는 단일 방향이다. 단일 방향 요인이므로 개발의 속도가 빠르다.

그러나 센서는 단일 방향이 아니다. 센서가 계산하는 것은 온도, 습도, 전력, 빛의 양, 중량, 감속 등 극히 다종다양하다. 센서의 재료 역시 세라믹을 비롯하여 금속과 플라스틱에 이르기까지 다양하다.

이처럼 다양한 성격을 가진 센서 기술의 성격은 마이컴처럼 집약형이 아닌 분산형이라고 할 수 있다. 즉 그 방향이 다양한 것이다. 이러한 요인 때문에 센서 기술이 마이컴 기술에 비해 늦게 발전하였다.

센서의 필요성

일렉트로닉스 기술, 특히 마이컴 메모리가 다양한 기계에 사용 보급되기 시작하면서 센서의 중요성이 더욱 부각되고 있다. 종래의 전자 기계는 센서가 필요하지 않았다. 그러나 기계에 마이컴을 부착하여 사용하는 일이 급격히 늘어나는 데 따라 센서의 필요성 또한 증가하게 되었다. 이를테면 온도, 습도 등 물리적 정보를 전기적 신호로 변화시켜 마이컴 메모리에 입력시킬 필요성이 있을 때, 물리적 정보를 전기적 정보로 변환하는 곳에 센서가 필요하다.

센서는 마이컴과 기계의 접점적 성격을 가지고 있다. 마이컴이 더욱더 다종다양한 기계에 사용될수록 그에 비례해 센서도 더욱 많이 사용된다. 즉 센서는 전자 산업 이외의 다른 산업에 사용되는 수요도 증가하게 된다.

앞서 설명한 대로 센서는 분산형 기술이므로 그때그때 필요에 따라 기술 개발이 이루어지는 성격을 가지고 있다. 한 메이커에서 마이컴이나 반도체를 만들어 놓으면 부품으로 사용하려는 기업에서 그것을 구매하게 되지만 센서는 그와 다르다. 센서는 그것을 필요로 하는 기업에서 스스로 개발하거나 전자 기기 메이커와 타협해서 개발하는 것이 보통이다.

분산형 성격의 기술을 가진 센서의 발전 방향은 〈복합화〉와 〈다기능화〉이다. 이를테면 온도를 감지하는 온도 센서의 경우 습도 센서도 겸하여 측정의 복수 기능을 갖도록 하는 것이다.

결국, 현단계의 센서 개발 목표는 〈인텔리전트 센서〉와 〈스마트 센서〉이다.

사람들은 자신의 눈을 통해 본 모든 정보를 뇌로 보내지는 않는다. 시신경에 의해 상당 부분을 정보처리한 후 뇌에 보낸다. 따라서 인간의 눈은 고도의 인텔리전트 센서 역할을 담당한다.

오늘날 컴퓨터는 전반적으로 분산 처리 시대를 맞고 있다. 즉 모든 정보를 중앙의 대형 컴퓨터에 집중시켜 처리하지 않고, 정보를 얻는 장소에서 어느 정도 정보를 처리한 후 보내어 중앙의 부담을 덜어주는 추세이다.

그러기 위해서는 센서가 얻은 정보를 어느 정도 센서 부분에서 처리할 수 있어야 하는데, 이와 같은 기능을 가진 센서가 바로 인텔리전트 센서 또는 스마트 센서이다. 이러한 센서들 역시 정도程度나 기술이 가지각색이다.

그러므로 미래의 센서와 센서 기술의 특징은 양극 분화가 진행되리라는 예상이 가능하다.

즉, 고도의 마이컴이나 센서가 개발되어 고가에 팔리는 것과, 가정용 센서 렌지와 같은 대중 상품에 사용되는 센서로 가격이 매우 저렴해지는 2가지 경우이다. 후자의 경우가 기술 대중화 시대에 의미를 갖는다고 하겠다. 센서는 고도의 능력에 비례하여 가격도 고가이다.

경영의 관점에서 볼 때 어디까지나 기술 대중화 시대에 적응해 나가는 것이 필요하다.

신경계로서의 광 파이버

마이컴을 두뇌에 센서를 오감에 비유했는데, 이 두 기능을 연결하는 것이 바로 사람의 머리카락 굵기의 〈유리섬유〉로 된 광 파이버이다. 신경계 역할을 해주는 광 파이버는 이미 실용화되었다.

그러나 문제는 아직도 가격이 높다는 점이다. 광 파이버는 확실히 전송 거리가 길어 수중계로 수백 킬로미터까지 전송할 수 있다. 장래 동북아시아와 아메리카대륙 사이를 무중계 해저 케이블로 연결하는 것이 실현된다면, 지구 전체가 무중계로 연결되는 것이다.

최근에는 플라스틱제 광 파이버가 개발되어 주목을 받고 있지만 난점은 전송 거리가 짧다는 점이다. 우리나라에는 이미 중국과 해저 케이블이 개통되었고, 앞으로 광 파이버는 공중 회선이나 통신 간선보다 산업용으로 개발될 전망이다.

산업 용도로 채용되어 주력하고 있는 분야는 철강 플랜트나 자동차, NC 공작기 부문이다. 사무 자동화OA에서의 네트워크화의 경우 전송거리가 300미터 정도로 짧아도 충분하므로 플라스틱 광 파이버를 사용할 수 있다. 플라스틱 광 파이버의 장점은 가격이 저렴할 뿐 아니라, 유리 광 파이버와 달리 휘어져도 부러지지 않는다는 점이다.

광 파이버의 예에서 본 것처럼 향후 비즈니스는 〈요소적 기술〉을 어떻게 비즈니스에 연결시키느냐가 중요한 관건 중의 하나다. 이를테면 〈소자〉나 〈부품〉 등 하나의 독립된 기능-〈음성 합성〉, 〈음성 인식〉, 〈시각〉-을 가진 것을 앞으로 주의 깊게 주시할 필요가 있다.

음성 합성과 음성 인식

음성 합성 장치는 최근에 자동판매기·시계·카메라 등에 많이 보급되어 있다. 지금까지의 일반적인 방식은 어느 특정인의 목소리를 녹음해서 그것을 분석하고 기억하는 방식이었다.

분석하고 기억하는 방법 중의 하나는 녹음한 파형波形을 그대로 기억시키며, 양이 많을 때는 음성 파형의 특징적인 부분만을 추출抽出해서 기억시킨다.

음音으로 재생시킬 때는 인간의 성대聲帶에 가까운 기능을 가진 회로回路를 통하는 방법을 사용한다.

기억과 회로는 반도체 소자의 장기 종목이다. 따라서 음성 합성 기능이 하나의 반도체 칩에 들어가 있는 것이다. 이 시장은 다양한 기업의 참여로 가격이 폭락하고 있다. 이렇게 된 배경은 음성 합성 장치를 기계에 집어 넣는 이치가 간단해서 생산 공정에 거액이 들지 않는다는 점이다.

최초로 음성 인식 장치가 사용된 것은 수하물 회사의 수하물 분류 시스템을 위한 것이었다. 이 시스템은 등록해놓은 특정인의 언어를 대조하면서 인식하는 〈특정인의 언어 인식 장치〉이다. 이 시스템은 급속한 기술 진보를 이루어 가격이 매우 저렴해졌으며, 간단한 시스템은 더욱 싼 가격에 구입할 수 있게 되었다.

현재 더 이상 가격이 내려갈 수 없을 정도로 낮아졌으므로, 가격보다는 성능을 향상시키는 쪽으로 기업 경쟁이 이동하고 있다. 성능의 향상이란 단일인의 음성 인식을 복수인의 음성 인식으로 향상시키는 것이다.

현재 한 기업에서 진행중인 것으로서, 음성 인식을 지금의 워드 프로세서와 연결시키면 음성 타이프라이터가 된다. 키 인을 하지 않더라도 말할 수 있는 타이프이다. 음성 타이프 라이터는 기술적으로 이미 가능한 단계이다. 이 경우 어떤 특정인의 특정 언어만을 이해하는 것만으로는 통용할 수 없으므로, 한마디 한마디를 구별해서 발음하게 되면 어떤 내용이라도 인식하게 되는 〈잡산 언어형雜算言語型〉 타입이다.

즉, 어느 한 사람이 〈아, 야, 어, 여〉까지 녹음한 다음 〈끝〉이라고 말하면, 워드 프로세서가 음성을 이해하고 〈아, 야, 어, 여〉를 타이핑하게 된다.

영국군이 목표로 했던 CCD

이 부문은 획득 전에 사업가들만이 혼전을 벌였던 분야는 아니었다. 〈말하고〉, 〈듣는〉 기능 다음에는 역시 〈보는〉 기능으로 발전하는 것은 당연하다. 이 3가지 기능을 하나로 복합시켜 가격 경쟁에서 우위를 선점하려는 기업간의 각축전이 일어났다.

이를테면 비디오 카메라는 이미 보급이 되었으나, 그 발전 방향이 촬영관이라는 일종의 진공 방식眞空方式에서 MOS-LSI 또는 CCD(電荷結合素子)와 같은 고체 촬상 소자固體撮像素子를 사용하는 방식으로 변화했다.

이러한 발전은 당연히 가격을 떨어뜨렸다. MOS-LSI를 사용하면, 가로세로 1센티미터 정도의 반도체 소자가 촬영관 대신 사물을 보는 기능을 가진 고체 촬상 소자가 되어, 이로 인해 비디오 카메라의 크기가 작아진다.

CCD의 경우 고체 촬상 소자는 대체적으로 5,000×6,000 정도의 메시로 나누어진다. 나누어진 하나하나를 화소畵素라고 하는데 30만 정도의 화소라면 초 LSI 기술에 속한다.

64K의 RAM 기술보다도 진보된 기술이지만 그 진보 속도가 완만하여 제품 전체의 시장 가격은 고가에 속한다. 그러나 역시 이 시장에서의 비교 우위도 싼 값으로 고객에게 제품을 제공할 수 있느냐 하는 점과 우수한 성능이다.

종래의 기술 혁신은 최초에는 군사 기술에서 시작해서 산업용
으로 변화되었고, 점차 민생용으로 변화하여 가정으로 파급되어
가는 흐름이었다. 이러한 흐름이 역흐름으로 변화하는 상황이 최
근 자주 등장하는 이유 가운데 하나는, 군사 기술이 고도로 특수
화되어감에 따라 특수화된 기술을 용이하게 민생용으로 응용하기
어렵기 때문에 산업용으로 보급되지 못하고 있는 점이다. 즉 스핀
업spin up이 별로 일어나지 않는 것이다.

역으로 부분적으로 선행된 민생 기술이 군사 기술로 발전하는
경우는 늘어나는 추세이다. 각국은 민생 기술을 군사 기술로 사용
하기 위한 움직임이 일어나고 있다. 이는 각국의 정보 기관이 민
간 기업의 기술을 흡수하기 위한 움직임이다. 이러한 움직임은 때
로는 스파이에 의한 개입과 협력으로 얻어내기도 한다.

그러한 예의 대표적인 것이 영국군이 CCD 기술을 탐낸 예다.
현재 미사일은 적외선을 추격하는 방식이 사용되고 있다. 그러나
이러한 방식의 약점은, 상대가 가상의 열熱을 발發함으로써 추적
을 따돌릴 수 있다는 점이다.

이러한 리스크risk를 극복하는 방법은 눈으로 보고 쫓아가는 것
이다. 시각 기능을 가진 CCD가 목표로 한 타깃을 판단하고 포착
하여 시각에 의해 정연하게 추적을 진행함으로써 폭파시킬 수 있
다. 이러한 CCD가 산업용으로 널리 사용되고 있다.

민간 여객 항공기의 경우 CCD에 의한 사출로 안전하게 활주로
이착륙을 할 수 있으며, 이외에도 기업들이 CCD에 주목해서 상품
으로 성공시킨 예는 많다.

현재 우리나라의 여러 기업에서 심각한 인력 부족난을 겪고 있

는데 그에 대한 타개책인 절약 정책이나 무인화 시스템을 진전시킬수록 감시의 필요성은 증대된다. 감시의 눈이 필요하게 된다.

현재 I TV(공업용 비디오)가 나와 있기는 하지만 가격이 높아 널리 보급된 상황은 아니다. 그러나 CCD의 잠재 수요가 크므로 세계 각국의 기업 사이에 시장 잠식을 위한 치열한 격전을 치를 준비 작업이 서서히 진행되고 있다.

사무 자동화, 어디까지 진전될 것인가

일렉트로닉스 사업에서 또다른 관심의 대상은 사무 자동화OA가 어디까지 진행될 것인가 하는 점이다.

OA 시대는 이미 다수의 기업을 상장 기업으로 성장시켰는가 하면, 또다른 기업을 사라지게 만들었다. 일렉트로닉스 응용 분야 동향의 특징은 〈기술의 대중화〉이다.

즉, 경영인은 기술의 대중화라는 기준을 가지고 응용 분야의 동향을 파악해야 한다. 대량으로 사용할 수 있는 상품인가 아닌가를 검토한다. 이러한 관점에서 볼 때 일렉트로닉스는 이미 가정과 일반 공장, 철강 과학과 같은 거대한 플랜트를 포함하여, 기계 공장 또는 잡화 등 여러 산업에 폭넓게 응용되어 현대는 일렉트로닉스 시대를 맞고 있다.

일렉트로닉스 시대로의 진입 예 가운데 하나인 OA는 이미 대형 성장 상품들을 생산해내고 있다. 이를테면 오피스 컴퓨터·복사기·팩시밀리·워드 프로세서·퍼스널 컴퓨터 등과 같이 여러 종류의 제품을 등장시켰고, 시장 규모도 크게 성장했다.

OA 부문의 기술적인 특징은 OA의 방향성에서 찾아볼 수 있다.

OA의 궁극적 목표는 〈종이가 필요하지 않은 시대〉이다. 즉 종이를 사용하는 대신 키보드로 대체화하는 것이 OA의 궁극적 방향이다. 사람에 따라서는 키보드를 다루는 데 익숙하지 못할 수도 있다. 따라서 시장을 넓히기 위한 방법의 하나로 연구되고 있는 것이 음성 인식 타이프라이터이다.

음성 인식 타이프라이터가 가지고 있는 난제로서, 잡산형 언어가 아닌 연속적 언어를 이해할 수 있는 음성 입력 기술이 집약적으로 연구 개발되고 있다.

엔터 키를 대신해서 〈써놓은 것을〉 인식할 수 있는 기술의 실용화도 연구 대상이다. 기술적으로도 어느 정도 진전되어 있으며, 2가지 방식으로 분류하고 있다.

첫째는 〈글을 쓰는 과정과 동시에 인식하는 방식〉과 〈써놓은 것을 인식하는 방식〉이다. 전자는 원고지를 대신한 기계에 단어를 쓰면 그것을 리얼 타임(즉시 처리)으로 인식하는 것으로서, 쓰는 순서 자체가 정보로 인식된다. 기술적 완성도는 현재 99% 정도 인식할 수 있다. 나머지는 정자正字가 아닌 난자難字인 경우에 대한 인식 능력이다.

문제는 대형 컴퓨터를 사용해도 문자 1개를 인식하는 데 1초 또는 2초가 소요된다는 점이다.

문자를 인식하는 후자의 방식은 전자의 기술보다 난이도가 높다. 그러므로 범용 대형 컴퓨터를 사용해도 하나의 문자를 인식하는 데 10초 이상 소요되어 실용화가 어려운 실정이다.

예측에 따르면 현재의 범용 컴퓨터의 수준을 넘어서는 정도가
되려면 1999년경이 되어야 한다는 예측이 지배적이다.

디스플레이 기술의 난이성

〈사무실에 종이 없는 시대〉가 쉽게 진척되지 못하는 이유 중의
하나는, 디스플레이 기술이 쉽게 진전되지 않고 있기 때문이다.

디스플레이의 대표적인 예는 브라운관이다. 브라운관은 두꺼우
므로 이것을 가능한 한 얇게 만들기 위해서 평면 디스플레이의 연
구 개발이 열성적으로 행해져왔다.

이를테면 1960년대 혁신적 기술로 화제를 모았던 〈일렉트로 르
네센스面發光體〉와 전자 냉동, 연료 전지, 가스 터빈 등 여러 기술
이 화제가 되었다. 이중 일렉트로 르네센스는 특수한 형광체螢光
體의 조명으로, 디스플레이에 사용되어 인기가 높다. 그리고 이를
이용한 벽에 걸 수 있을 정도의 얇은 TV 개발이 기술 과제로 떠
올랐다.

액정을 사용한 팔목시계나 TV는 화상이 작고 선명하지 못해서
크게 인기를 끌지는 못했다. 액정 이외의 LED 발광發光 다이오드
를 연결하거나 플라스마 디스플레이를 시도하는 등 다양한 도전
이 행해졌지만, 기대 이상의 성과는 얻지 못하고 있다.

따라서 일반 소비자는 앞으로도 얼마 동안은 브라운관을 사용

한 TV에 의존할 수밖에 없다. 브라운관은 디스플레이 면에서 보기 좋은 것은 아니다. 화상이 아닌 한자를 인식하기 위해서는 상당한 문제가 있다. 따라서 소비자는 당분간 TV는 브라운관에 의존해야 되고, 문자는 종이에 의존할 수밖에 없다.

자기 디스크와 전자 우편

일렉트로닉스 기술의 발전으로 종이가 필요없는 세상이 된다고 하더라도, 이미 언급한 여러 가지 요인에 의해 급속한 속도의 변화는 기대하기 어렵다.

그러나 종이를 사용하지 않는 OA 기기 중에 최근 큰 호응을 얻는 것이 비디오 디스크를 사용한 〈서류 파일 장치〉이다. 가정용 비디오 디스크와 동일한 원리로서, 60분 정도의 디스크 1장에 5만 4000매의 정지화상停止畵像이 들어가는 것을 이용한 것이다. A4 용지 크기에 쓰여진 문장으로 1만 장 분량이다.

또 한 가지 주목받고 있는 것은 광자기光磁氣 비디오 디스크이다. 예전의 비디오 디스크는 디스크 위에 1미크론 정도의 작은 구멍을 만들고, 그 구멍의 형상形狀에 의해 〈0 또는 1의 디지탈화〉된 신호로 정보를 입력한다.

구멍이 형성되어 일단 입력된 정보는 영구히 바꿀 수가 없다. 비유하자면 레코드의 원리와 마찬가지이다. 레코드는 정보를 다시 집어넣거나 지울 수 없다. 그러나 오디오나 비디오 또는 컴퓨터용 자기 디스크인 경우에 정보를 지우거나 다시 집어넣을 수가 있다.

자기에 의한 정보 입력은 레이저에 의해 이루어지므로 광光과 자기磁氣에 의한 조합이라는 의미에서 광자기 디스크이다. 반복해서 이용할 수 있다는 의미에서는 마치 VTR과 유사한 점이 있으나, VTR에는 없는 랜덤 액세스random-access를 용이하게 할 수 있다는 점이 장점이다. 또한 레코드판 모양으로 되어 있어 원하는 페이지를 금방 찾아볼 수 있는 것이 광자기 디스크의 특징이다.

한편, 이러한 대형 정보 파일 장치가 더욱 발전할 것이라는 기대를 갖게 해주는 기술 중의 하나가 NS이다. 밀도를 높여주기 위해 옆으로 누워 있는 N과 S를 횡순, 종순으로 하려는 연구이다. 이렇게 하면 정보를 더욱 대량으로 입력시킬 수 있어서 개발에 박차를 가하고 있다.

미국에서 상당히 많이 보급되어 있는 전자 우편 역시 첨단기술이다. 전자 우편은 키보드를 두드려서 상대방에게 메시지를 보내면 그 내용이 상대방 쪽의 메모리에 기억되어, 상대방이 부재중인 경우에도 메시지가 기억되므로 언제든지 버튼을 누르고 메시지를 볼 수 있다.

전자 우편은 크게 텔렉스 계통과 팩시밀리 계통으로 분류되므로 그 차이는 키보드를 두드려서 보내는가, 손으로 쓴 문장을 보내는가의 차이이다. 흥미로운 것은 한자와 같이 손으로 문자를 표현하는 전통적인 문화권에서는 후자를 선호하고, 일찍부터 타이프라이터에 익숙한 서양 문화권에서는 전자를 선호한다.

따라서 OA는 인간이 가지고 있는 휴먼 인더스테이트 또는 국민성 등이 크게 작용하는 분야라고 볼 수 있다.

C & C

컴퓨터의 성능은 놀라운 속도로 발전한다. 반도체 성능의 진보는 5년 사이에 10배, 10년 사이에 100배 정도의 스피드로 진보하고 있다. 현재 3.5세대 컴퓨터에서 제4세대 컴퓨터, 즉 초 LSI를 사용하는 컴퓨터 시대와 제5세대 컴퓨터 시대를 바라보고 있다.

현재 컴퓨터 판매 실적은 컴퓨터 본체보다도 단말기의 매상이 높게 나타나고 있다. OA가 진전됨에 따라서 점점 단말기의 비중은 증가되고, 오프컴·미니컴·퍼스컴이 보다 빠른 속도로 신장되고 있다. 앞으로의 경향은 범용 대형 컴퓨터를 중심으로 하여 네트워크가 조성되어 분산 처리가 실현될 전망이다.

그러므로 다수의 퍼스컴이 바로 범용 대형 컴퓨터의 터미널이다. 현재의 퍼스컴은 이 같은 기능들을 제대로 갖추고 있지 않다. 그러나 이와 같은 문제는 곧 해소되어 멀지 않은 장래에는 퍼스컴인 동시에 터미널의 기능을 보유하게 될 것이다. 이를테면 워드 프로세서 기능을 첨가시켜 복합화한 형태로 발전하게 된다.

즉 퍼스컴은 인텔리전트 데스크로 발전하게 된다. 퍼스컴을 중심으로 워드 프로세서, 개인 정보 파일, 전자 우편, 팩시밀리 등의 통신 수단을 갖는 복합 기능을 수행하는 기기로 완성된다.

컴퓨터의 이노베이션에서는 제5세대 컴퓨터가 화제가 되고 있다. 연구 개발이 진행되고 있는 제5세대 컴퓨터는 종래의 제4세대 컴퓨터와는 성격이 상이하다. 제4세대까지는 본질적으로 계산하는 기계였으나, 제5세대 컴퓨터는 인공 두뇌라고 할 수 있을 만한 기능을 보유하고 있다. 즉, 문제 해결이나 추론推論 기능을 갖게 된다.

또한 단순히 정보를 부호符號로 기억하지 않고 어느 정도 의미를 가진 정보로서 기억한다. 이로써 문제 해결이나 추론의 기능을 가질 수 있을 뿐만 아니라 지적 인터페이스 기능, 즉 언어나 그래픽 정보를 이해할 수 있는 고도의 기능을 보유한다.

제5세대 컴퓨터는 자유로이 번역을 할 수 있는 기능과 일상 언어에 가까운 형태로 프로그래밍이 가능하며, 음성 인식을 할 수 있으므로 사람이 말로 명령하면 작동하는 컴퓨터이다.

그러나 경영적 관점에서 보면, 이러한 기능을 가진 기계가 제작된다는 점과, 과연 일반 사무실에서 실용화될 수 있으냐에 대한 것은 별개의 문제이다. 제5세대 컴퓨가 언제 실용화될 것인가 하는 점에 대해서는 아직 불확정적이다.

가령 제5세대 컴퓨터가 21세기 초에 만들어진다고 해도 한동안은 수억 원을 투자해야 구입할 수 있는 고가제품일 것이므로, 기업에서 상품화시켜 일반 사무실에서 실용화되는 시기는 21세기를 넘어서 실현될 것으로 예상된다.

일렉트로닉스의 최종 지향점

최근 우리나라는 가정으로 눈을 돌리는 비즈니스 경향이 뚜렷이 나타나고 있다. 앞으로 비즈니스에서 특히 중요시해야 할 부문을 〈문화적〉인 것과 〈생활의 편리함〉으로 분류해볼 때, 양자의 경우 모두 21세기 삶의 질의 향상과 연결되어 커다란 가능성을 가지고 있다.

생활을 편리하게 하는 기기들, 이를테면 청소기나 세탁기가 앞으로 어디까지 발전할 것인가 하는 예측은 마이컴이 기계 속에 들어가는 정도에 달려 있다. 한때 로봇에 대하여 관심이 집중되었는데, 그것이 바로 가사용 로봇이다. 그러나 SF적 화제로서 흥미로운 것과 현실성은 별개의 문제이다.

한 연구소가 첨단기술의 델파이 방식의 가사용 로봇을 예측한 결과, 2010년까지는 실현될 수 없는 상품으로 열거했다.

가사용 로봇이 실용화되기 어려운 점은 가사노동의 프로는 역시 주부이기 때문이다. 따라서 앞으로 가사용 로봇의 비즈니스 방향은 청소나 세탁 일의 로봇에 의한 생략화보다는 보다 문화적인 영역에서의 가정용 기기의 출현이다. 기술이 〈정情〉이나 〈감성感性〉 세계로 진출하는 것이다.

앞으로 높은 신장을 보일 것으로 예상되는 것은 역시 오디오, 영상, 전자 악기이다. 이 중에서 가장 기대가 큰 것은 영상 부문이다. 영상 장르에는 VTR이라는 매우 큰 기대를 할 수 있는 상품이 있기 때문이다. 이와 관련해 VTR 테이프와 비디오 카메라 또한 기대되는 큰 상품이다. (표 2-1)과 (표 2-2)를 참고하면 이해하기 쉬울 것이다.

비디오 디스크도 대형 상품이다. 이 제품은 현시점에서는 조금 낮게 평가되는 면도 있으나 미래의 유망 상품 중의 하나이다. 또 다른 유망 상품은 카메라 일체형 VTR이다.

VTR과 관련해 일렉트로닉스 기술 발전으로 만들어낸 최대 상품인 VTR, 그밖의 영상 분야의 장르를 초월한 커다란 타깃은 역시 소프트웨어이다.

예컨대 비디오 디스크 한 가지를 보더라도, 소프트웨어에 커다란 기대를 가지고 있는 미디어이다. 효용성 있는 다종다양한 소프트웨어가 시장에 쏟아져나와 비디오 디스크 시장을 자극하면 이에 영향을 받아 관련 상품도 크게 부상될 것이다.

방송, 출판, 기업 등은 소프트웨어에 관심이 높다. 플레이어가 신장되지 않으면 소프트웨어는 신장되지 않는다. 따라서 메이커와 소프트웨어 회사, 소비자는 삼각 관계에 놓여 있어 이러한 관계는 파이오니어들을 자극시키며, 때로는 장기전에 돌입하기도 한다.

최근에는 히트 상품이 나오지 못하고 있다. 어떤 제품을 만들어도 소비자는 감동하지 않는데, 이것은 기업의 최대 고민이다. 판매가 부진한 이유는 물자가 넘쳐 물질적인 면에서 포화 상태에 달했기 때문이다. 소매업자나 백화점의 종업원은 사람들이 물건을 집어보려고 하지 않는다고 말한다. 그만큼 신기한 것이 없어졌

(표 2-1)　**(표 2-2)**

	80년대 전반 성장 상품				현재 미발표	80년대 후반 성장 상품		
VTR	사무실용 컴퓨터 전자 세라믹스 산업용 로봇 팩시밀리	NC 공작기기 VTR 테이프	비디오 카메라				준 LSI	
정전식 복사기				광 통신 시스템			카메라 일체용 VTR	
버튼식 전화	반도체 제조 장치	워드 프로세서 퍼스널 컴퓨터				복합 OA 기기 팩시밀리 산업용 로봇 (제1세대)		
				비디오 디스크 FMS 산업용 로봇 부품 복합 OA 기기	자동 로봇	비디오 디스크 DAD FMS 워드 프로세서	자동 로봇	
							광 통신 시스템 음성 인식 시스템 CCD, 반도체 레이저, 홈 컴퓨터, 레이저 장치	
			반도체 레이저 CCD		카메라 일체용 VTR 전자 카메라 DAD	CAD/CAM 포켓용 TV	전자 카메라 캡틴 단말 화의용 전화 위성 통신 시스템	

10	20	30	400상	현재 미발표	중中 (20%)	대大

(연간성장률%)

기 때문이다.

그러면 앞으로 사람들에게 제품에 관심을 갖게 하기 위해서는 어떠한 점이 요구되는가? 그것은 바로 〈문화적 요소의 확대〉이다. 즉 문화적 차별화이다. 문화적 차별화 전략은 국가나 기업 간의 핵심 경쟁 전략 중의 하나이다. 문화적 호소 능력이다.

구체적으로 말하자면 구매자는 같은 기술력을 가진 제품이라면 보다 깨끗하고 아름다우며 좋은 느낌을 주는 제품을 선호하게 되어 있다. 그러나 높은 수준의 문화는 단기간에 형성되지 않는다. 저급 문화를 어느날 갑자기 고급 문화로 변화시키는 것은 좀처럼 쉽지 않다. 문화 형성에는 시간이 걸린다.

거기에다 고급 하드웨어가 있어도 소프트가 저급하거나 반대의 경우도 고도의 문화는 형성되지 않는다.

21세기 정보화 시대가 문화 경쟁 시대적 성격을 띠는 것은 21세기가 산업화를 기반으로 보다 성숙한 고도의 문화 정보 시대로의 방향성을 갖고 있기 때문이다.

문화학자들은 현재 우리나라 사람들이 물질적으로 포화 상태를 경험하여 포만감에 사로잡혀 있지만, 문화적으로는 기아 상태에 놓여 있는 사람들도 있다는 시각을 제기한다. 물질적 포만감이 요구되던 시대가 있었던 만큼, 미덕과 문민적 소양이 결여되었다는 논지이다.

다만 물질과 정신의 조화라는 측면에서 물질적 특성으로 인텔리전트 빌딩을 건축했다 해도 소프트적인 인텔리전트가 없으면 조화를 이루지 못하므로, 지금까지 한쪽에 편중되고 우선시되었다면 소프트웨어와 하드웨어의 조화를 강조할 수 있을 것이다.

경영적 측면에서는 수요자의 욕구에 대한 집중 공략이 필요하다. 앞으로 문화적인 면에 호소하는 상품이 주류를 이루게 될 것이다.

우리나라의 국력 향상과 더불어 세계적 수준의 문화 생활의 요소를 상품에 연결시키려는 움직임이 활발하다. 물질의 차별화가 끝나면 다음은 문화적 차별화 전략이다. 향후 문화적 요소에 호소하는 상품에 기대가 모아지는 것은 당연하다.

따라서 소프트웨어가 점점 중요해진다. VTR로 녹화하고 싶은 프로그램의 방송은 VTR 시장을 신장시킨다. 소프트웨어와 하드웨어의 상호 조화가 중요한 것은 하드웨어, 소프트웨어, 소비자라는 삼각 관계가 유기적인 작용을 하기 때문이다.

최근 국내 경제를 예측할 때 부정적 또는 긍정적 예측이 동시에 나오고 있다. 이와 같이 부정적 혹은 긍정적 예측이 혼재하는 배경에는 〈이노베이션 효과가 어느 정도인가〉 하는 문제에 대한 주목을 들 수 있다. 이노베이션은 단순히 하드웨어에 한정되지 않는다. 하드웨어는 소프트웨어를 낳고 소프트웨어는 하드웨어를 더욱 신장시킨다. 이러한 인과 관계에 놓여 있으므로 이노베이션 효과를 측정하는 것이 어렵다.

역으로 하드웨어와 소프트웨어의 관계를 잘 이용하는 것이 중요하다. 소프트웨어의 개념을 유연하고 폭넓게 사고하는 것이다. 초기의 컴퓨터는 단순한 소프트웨어였으나, 로봇 관계 소프트웨어를 시작하는 OA 관계 소프트웨어에 이르기까지 그 가능성이 점점 확대되고 있다.

또 성격은 다르면서 일종의 소프트웨어라고 부르지 않을 수 없는 하드웨어와 연결된 세일즈나 메인터넌스maintenance와 같은 제 3차 산업은, 의외로 신장이 기대되는 산업으로 향후 포착할 수 있는 비즈니스 기회도 많아진다. 또한 개발 설계라는 의미에서의 소프트웨어나 서비스 산업에서도 비즈니스 기회는 다양해진다.

로봇화가 진전되면 고용의 문제가 부각될 수 있다. 그러나 고용 문제가 부각되는 만큼 실제로 보급되지 못하는 이유는 첫째, 조립하는 로봇과 같은 차세대 로봇은 보급이 급속히 이루어질 수 없다는 점이다. 두 번째는 로봇 자체의 한계성이다.

한편 생산 과정에서는 종업원이 감소되더라도 개발, 설계 또는 생산 계획 등의 물건을 만들기 이전 단계인 맨 파워는 앞으로도 계속 증가된다.

기업은 제품을 다양하게 만들어내고 계속적으로 새로운 상품을 개발해내지 못하면 살아남을 수 없으므로 후자의 맨 파워는 당연히 증가된다. 물건을 만들고 난 후의 검사, 세일즈, 광의의 메인터넌스 등도 증가된다.

그러나 이러한 영역까지를 로봇화하는 것은 무리이다. 로봇에 의한 검사는 어느 정도 가능하지만 세일즈나 메인터넌스는 어렵다.

따라서 앞으로는 생산 단계 이전과 생산 과정 이후로 구분하여 각각 비중을 두게 되며, 인원 배치도 이에 따라 달라지게 된다.

2차 산업의 〈2.5차 산업화〉 또는 〈3차 산업화〉 현상이다. 이러한 현상은 2차 산업의 성격 변화로 여러 기업에서 이와 같은 현상을 발견할 수 있다.

대형 기업들도 자사에는 개발과 설계 분야만을 남기고 다른 모든 것은 하청 또는 관련 기업에 의존함으로써, 사내에 개발과 설계 팀만 남아 있는 기업이 등장하였다. 한 기업에서 개발과 설계, 세일즈, 메인터넌스를 모두 처리할 것인가 또는 외주 업체에 맡길 것인가, 별개의 기업 형태(순수한 제3차 산업)를 유지할 것인가 하는 것 등 방법은 다양하다.

국제 분업과 문화의 우대

일렉트로닉스 사업 부분의 개괄적 소개를 마치면서, 우리 기업들의 일렉트로닉스 시대의 신제품 개발에 대한 기본적 자세의 발상을 소개한다. 미래의 신제품 개발의 기본적 방향은 이미 언급된 〈문화〉라는 개념을 염두에 두고, 앞으로 우리 기업들은 보다 가치 있는 상품 개발에 주력하려는 움직임이다.

이러한 동향을 놓고 볼 때 중요한 것은 우리가 처한 국제적 환경이다. 상품의 수출량이 늘지 않고 물건이 팔리지 않으면 기업은 신장되기 어렵다. 수출에 의존하는 경향이 강하므로 세계적 수준의 문화의 질적 향상은 더욱 요구된다.

우리 기업들은 〈문화적 요소〉가 서비스와 메인터넌스를 자극해 하드웨어와 소프트웨어의 연동을 연출시킴으로써 다양한 형태의 전략을 기해야 한다. 따라서 문화 자원이 중요하며 문화적 자질이 있는 인재가 필요하다.

두 번째는 우리 기업이 이제는 역으로 공업 제품을 〈수입〉하는 시대를 맞이하고 있다는 점이다. 현재 해외로부터 시장 개방 압력이 거세지고 있다. 이것은 단순히 오렌지나 쇠고기를 수입하면 무역의 불균형이 해소되는 차원의 문제가 아니다. 따라서 무역 불균형은 우리 기업의 최대 장해로 남게 될 것이다.

최근에는 교역하는 양국 사이에 상대국으로부터의 수입량이 줄면, 상대국에 대한 수출량도 줄어드는 감정적 움직임까지 나타난다.

이제 세계적으로 수준 높은 공업 제품을 생산하는 우리나라가 해외로부터 공업 제품을 수입해야 하는 시대이다. 선진국, 발전도상국, 신흥 공업국 등으로부터 공업제품을 수입해야 하므로 우리 기업의 국제 분업의 필요성이 대두된다. 따라서 유연성 있는 시각을 가지고 그 시장에 알맞는 상품 개발을 진행시키는 것이 바람직하다. 또한 시장 점유율market share에 대한 시각도 유연성이 필요하다. 상대 회사의 M/S가 높다고 해도 유연성 있는 자세를 가질 수 있는 분야가 일렉트로닉스 사업 분야이다.

역으로 자사가 80% 이상의 시장 점유율을 보유하고 있다고 해도 반드시 안심할 수 없는 분야가 바로 일렉트로닉스 분야이다. 노하우란 항상 뺏고 빼앗기기 마련이다. 지금까지 실제로 80%의 M/S가 30%로 급락하는 경우도 있었다. 한번 떨어지면 다시 상품 개발에 주력해도 회복하기까지는 최저 5년 정도는 소요된다. 그러므로 이와 같이 특징적인 상황을 인식하고 항상 현명한 대처의 필요성이 요구되는 분야이다.

즉, 우리 중소기업은 동일한 업종이나 동일한 제품을 만들 때 고급 제품을 수출하고 그 나라로부터 값싸고 저급한 공업 제품을

수입하는 형태로 변화되어야 하며, 수출을 위한 문화적 요소와 기
능의 고급화로 변화되어야 한다. 이러한 역할 분담 시기에 문화의
중요성은 더욱 강조되고 적절히 업무를 수행할 인재가 필요한 것
이다.

기능은 연구실에서 노력하면 얻을 수 있지만, 문화는 쉽게 형
성되는 것이 아니며 연구실에서 만들어낼 수 있는 것도 아니다.
기술적인 차별화가 어려운 상황의 제품이나 기술에 따라서는 값
싼 노동력에 의해 시장을 모두 빼앗기고 속수무책의 상황에 처하
기도 한다. 이러한 부정적인 상황을 긍정적인 상황으로 변화시키
려는 섬세한 노력은 다양하게 나타난다.

이를테면 〈세련성〉, 〈높은 문화적 수준〉, 〈미적 수준〉 등이 그
것이다. 21세기 향후 기업은 기술 이외도 섬세하고 미묘한 차이로
제품의 세련성과 문화성을 추구하게 된다. 이러한 차이를 무기로
해외 시장을 공략할 수 있다.

문제는 고도의 세련성과 문화성을 추구한 상품들을 인식할 수
있는 수준에 대한 목표를 어디에 둘 것인가 하는 점이다. 실용성
만 강조된 수준을 넘어서 어떻게 구매 의욕을 일으킬 것인가 하는
점이 관건이 된다. 느낌이나 시각에 의한 플러스 알파적인 요소만
이 고도의 세련성은 아니다. 이처럼 세련된 소비자의 선호도를 반
영한 상품은 신흥 공업국에서는 기대할 수 없다.

선박은 기본적으로 엔진이 튼튼하고 물에 가라앉지 않아야 한
다. 이외에 요구되는 것은 경제성으로 이 정도는 신흥 조선 공업
국에서도 가능하다. 그러나 그 이상의 문화적 수준을 요하는 차별
화는 곤란하다. 시끄러움과 조용함의 차이에 무감각한 나라에서

조용한 엔진을 만든다는 발상은 나올 수 없다.

또 신흥 공업 국가에서 만든 자동차를 우리 소비자가 파격적으로 싼 가격이 아닌 이상 구입할 리가 없다. 반대로 경제적 문화적 선진국의 수입 자동차는 수입 증가 일로에 있다. 자동차로부터 세련성과 문화성을 요구한다는 것은 자동차의 개념이 단순한 운반 기계가 아닌 하나의 문화 공간 또는 정보 공간 개념으로의 이동을 뜻한다.

자동차 산업이 디자인, 인테리어 또는 정보 기능 면에서 고도의 세련성을 추구함으로써 자동차 시장의 판매량을 유지하는 것처럼, 일렉트로닉스 비즈니스와 더불어 모든 상품은 깊이 있는 세련성과 문화성을 추구해야 한다. 따라서 향후 성장 가능한 상품인가 아닌가는 세련된 고도의 문화 개념을 간직하고 있는가 그렇지 않은가에 달려 있다.

그 전형적인 예로 핵가족화의 진전으로 주거 공간의 협소화, 가사 노동의 부족 현상에 착안하여 어느 기업이 이불 건조기를 개발하였다. 그러나 이불 건조기는 히트 상품이 되지 못했다. 이불 건조기는 이불 속에 넣어 사용하므로 디자인 등 여러 면에서 세련성의 한계가 있는 상품이다. 반대로 오디오나 비디오는 소비자의 기호에 맞춰 고도의 세련성을 유지, 개발시킬 수 있는 전형적인 제품이다.

결론적으로 말해 문화적 부가 가치를 계속 개발해낼 수 있는 제품이 앞으로 성장 가능 상품의 주류를 형성할 것이다.

가격 결정

앞에서 설명한 〈문화성〉과 〈세련성〉의 같은 흐름선상에서 향후에는 디자인 주도형의 신제품 개발이 더욱 일반화될 것이다. 제품 개발의 경우 제일 먼저 기능을 고려한 후 디자인을 하고 설계한 다음 가격을 결정해서, 팔릴 것인가 안 팔릴 것인가를 판단하는 것이 지금까지의 제품 개발 패턴이었다.

그러나 이러한 패턴은 점차 변화되어 기능성과 디자인이 극단적으로 앞서갈 조짐마저 보인다. 먼저 디자인을 설정한 후, 즉 외적 형태가 결정되어 형상이 이루어진 다음에 기능을 첨가시키는 설계가 그것이다.

최초로 이러한 발상을 시작한 곳은 음악 예술 분야였다. 미국의 인기 있는 SF 일러스트 작가에게 한 유명 밴드가 〈레코드 자켓을 먼저 디자인해주면 그 그림을 보고 음악을 창작하겠다〉고 요구했다.

레코드 자켓은 레코딩된 곡에 맞게 디자인하는 것이 통상의 경우이다. 이러한 종류의 개성 있는 발상은 업종에 종사하는 기업들로 하여금 문화적 매력을 효과적으로 호소하기 위해 요청되는 아이디어이다.

가격 결정에도 이러한 현상이 나타나고 있다. 종래에는 기능에 따라 가격을 결정하는 것이 보통이었다. 그러나 앞으로는 결정된 가격에 맞게 상품을 만드는 것도 중요하다.

　최근에 소비자는 필요에 의해 구매하는 것이 아니라, 좋아하니까 구매하는 경향을 보인다. 이러한 변화는 가격 결정에 직접적인 영향을 미친다. 필요한 것은 어쩔 수 없이 구입한다. 그러나 좋아하는 것은 정말로 좋아하면 비싸더라도 사지만, 반대로 조금이라도 마음에 들지 않으면 아무리 싸도 사지 않는다.

　따라서 이 만큼의 코스트가 들었으므로 그 만큼의 돈을 받겠다는 가격 결정에 대한 지금까지의 단순한 기업 발상은 통용되기 어려워졌다. 노동 가치와 효용 가치를 따져볼 때, 노동 가치에 따른 코스트보다는 얼마나 효용 가치가 있느냐가 가격 판정의 기준이 된다.

　이를테면 분재는 문화의 전형적인 산물이다. 분재상은 가격이 표시되지 않은 분재를 매수자에게 얼마에 사고 싶은가 그 가격을 말해달라고 한다. 즉, 상품이 구매자 마음에 드는가 아닌가의 문제이지 분재를 키우는 데 든 시간과 비용은 중요하지 않다.

　즉 소비자가 어느 정도의 가격에 상품을 사고 싶어하는가가 중요한 요소로 작용한다는 점이다. 특히 일렉트로닉스 분야에서는 코스트가 점점 내려가고 실로 다종다양한 제품이 나오게 되므로 가격 선택의 폭이 자유롭다.

　마지막으로 이노베이션에서 중요한 것은 자사가 개발하는 상품이 〈어디에 사용될 것인가〉이다. 소프트웨어라면 신제품에 사용될 수 있는지 또는 어느 정도 제공할 수 있는지가 중요하므로 철저한 검토가 요구된다.

　21세기는 일렉트로닉스 시대이다. 이 분야는 발전 가능성이 높은 만큼 경쟁도 그만큼 치열하다. 다만 이 분야에서 기업들이 공통적으로 느끼는 것은, 일렉트로닉스의 기본 기술은 늦은 속도로 변화하지만 일렉트로닉스의 응용 기술은 급변한다는 점이다. 따라서 이 분야에서의 기업 경쟁의 대표적 성격은 응용과 시간과 가격의 싸움으로 전개된다.

TECHNO BUSINESS

제3장
신소재 사업 부문

신소재 개발의 특징

신소재 개발이 다양하게 이루어짐으로써 종래에 없었던 새로운 특징이 나타난다. 이를테면 잡아당기는 강도強度 100kg/mm²를 120 또는 130으로 하려고 할 때, 소재 그 자체의 강도를 높이려는 기술 개발이 이루어지고 있다. 최근에는 금속 재료에 비금속 성질을 부가시켜 강도를 높이는 방식이 사용되고 있다. 이것은 금속에 이중의 성격을 부가시켜 성능을 높이려는 방법이다.

종전에는 금속을 연구하는 경우 잘 닦은 에칭을 사용해서 현미경을 통해 결정을 연구하는 금속조직학이 주류를 이루었으나, 최근에는 금속의 나쁜 성질이나 디메리트demerit를 제거한 후 새로운 재료의 메리트를 투입하려는 방향으로 연구 개발이 진전되고 있다.

아몰파스는 결정 상태가 아닌 금속으로 마치 유리처럼 결정 구조가 없는 금속이다. 아몰파스의 특징은 강하고 내식성耐蝕性이 있고 투자성透磁性 등이 좋아 응용 분야가 넓으며, 다방면에 사용되므로 사업성이 우수하다.

그러나 아몰파스의 결점은 액체 상태의 금속이 결정을 만들 여

〈표 3-1〉하이테크 상품 연구대상 기술분야 및 기술과 주요 재료

연구 대상 / 기술 분야	첨단기술(사례)	주요 재료
에너지 분야	FBR	V, Ti, Zn, Na, K
	석탄 가스화	CrMo 합금
	태양광 발전太陽光發電	아몰파스 Si, GaAs계系
		SiAsTe계
	연료 전지燃料電池	β-Al_2O_3, ZrO_2, Li계
	MHD	Si_3N_4, SiC
	에너지 저장貯藏	수소 저장 합금
일렉트로닉스 분야	초고속 연산 소자超高速演算素子	GaAs계, S
	요셉슨 효과 소자	Si, Nb, NbN-Pb, He
	반도체 레이저	GaAs계, InGaAsP
	대용량 메모리	GGG, EuYCaFeSiGzO
	전자 빔	LaB_6
라이프 사이언스 분야	인공 치골人工齒骨	$C_9Al_2O_3$
		$Ca_{10}(PO_4)(OH)_2$, Ti
	인공 장기人工臟器	실리콘 고무, PTFE, 콜라겐
	CT	BiCeO, PZT, LaB_6
	무혈 수술無血手術	CO_2

연구대상 / 기술분야	첨단기술 (사례)	주요 재료
운송 교통 분야	리니어 모터카 전기 자동차 LNG 선船 세라믹 엔진	$Nb-Ti$, Nb_3Sn, Nb_3Ge, V_3Ga, He Na, S, Zr Ti, Al Si_3N_4
항공 우주 분야	STOL 저소음 제트 통신위성	Ti, C/C 컴퍼젯 GFRP, 폴리아미드 Si_3N_4, SiC, Y CFRP
해양 개발 분야	잠수 기술潛水技術 해저 굴착 기술 해수 담수화海水淡水化 해수 우량 추출	Mg합금 연결漣結 다이아몬드 페로시멘트 방향족芳香族, 폴리아미드, 아세틸셀룰로오스, Ti 함수含水, TiO_2
기 타	수처리水處理 탈류脫硫 CADAM 제5세대 로봇	스칠렌계系 이온교환 수지樹脂 TiO_2

자료 : KIST

지가 없을 정도의 빠른 스피드로 온도를 내려야 한다는 점이다. 종전까지는 1초 동안 1,000도를 식히는 것도 용이하지 않았으나, 이 경우에는 1초 동안에 10만도 단위로 급냉시킬 필요가 있다.

이렇게 하면 원자가 규칙적으로 움직일 틈이 없으므로 결정이 생겨나지 못한다. 그러나 반대로 생각하면 이 소재를 사용하는 도중 온도를 높이게 되면 다시 결정이 생길 수•있다는 점이다. 따라서 마찰열이 생기는 지점에서는 결정화되므로 사용할 수 없으며 용접 등에도 이용할 수 없다.

전력 트랜스용 아몰파스 철판의 철심鐵心의 예를 들어보자.

현재 전압을 조정하기 위한 트랜스에는 케이 소강판素鋼板에 의한 철심鐵心이 가용價用되었으나, 아몰파스 강판으로 대체하면 철손(鐵損 : 철심에 의한 전력 손실)이 5분의 1로 줄어들어 전력을 절약할 수 있다.

이와 같이 아몰파스 금속처럼 금속 재료에 비금속 성질을 부가시키는 경우 이외에도, 다른 고분자 소재에 금속적 성질을 부가시키려는 개발이 최근에 시도되고 있는 소재 개발의 특징 중의 하나이다.

이를테면 플라스틱에는 전도성電導性이 있다. 분자 중의 전자를 자유로이 움직이게 해주면 전기가 통한다는 것이 발견되어 전기가 통하는 플라스틱이 개발되었다. 전기가 통하는 플라스틱은 가볍고 부식하지 않으므로, 지금까지의 다른 금속이 가지지 못했던 장점을 살릴 수 있었다.

또다른 소재 개발의 특징은 종래의 것과는 전혀 다른 기능을 가진 소재, 예컨대 뉴 세라믹이나 실리콘 같은 소재가 개발된 것

(표 3-2) 응용이 기대되는 뉴 세라믹스 상품

초강 재료	공구 재료工具材料 기계 부품機械部品 장식용 부품裝飾用部品
전자 재료	기능 소자技能素子 메모리 압전재壓電材 투명 전극透明電極
구조 중앙 재료	유리성 섬유 카본 재료
자성 재료	페라이트 자기 기록 재료磁氣記錄材料 고보 자력 재료高保子力材料
광학 재료	레이저 재료 내열성 투명 재료耐熱性透明材料 적외선 광학 재료赤外線光學材料 광전송로 재료光電送路材料
고온 재료	고온 가스 터빈 고온 열 교환기 원자로 MHD발전

자료 : KIST

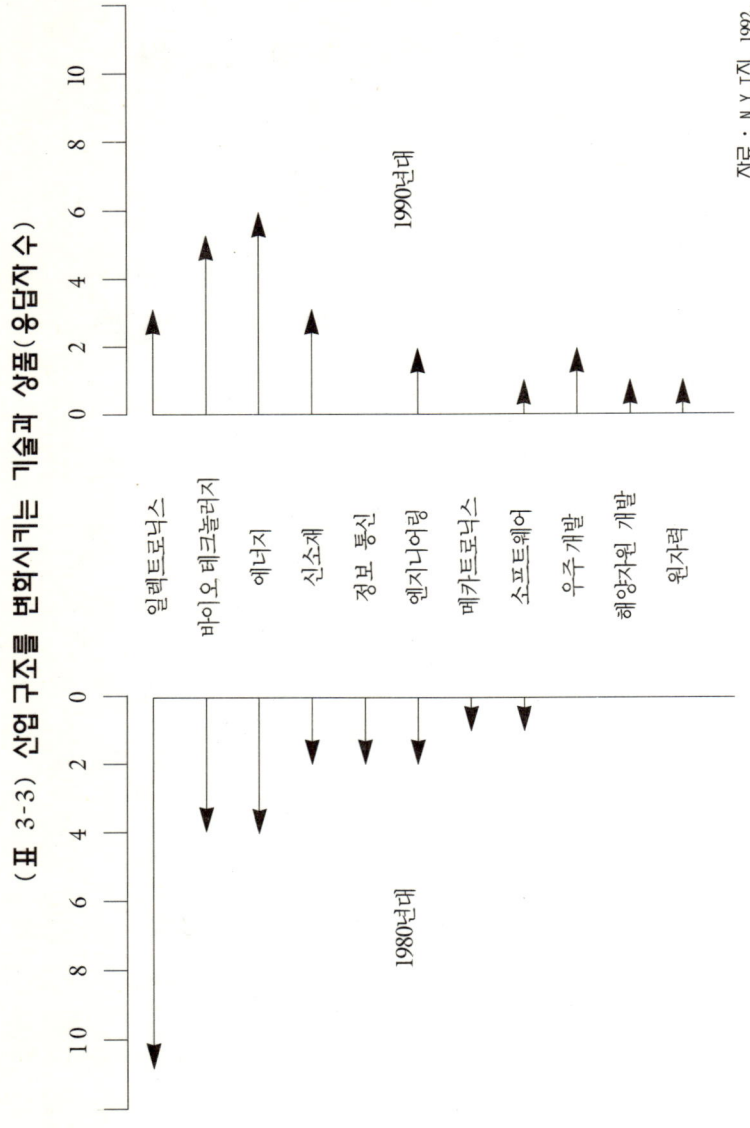

(표 3-3) 산업 구조를 변화시키는 기술과 상품(응답자 수)

자료 : N.Y.T지, 1992.

1990년대

1980년대

일렉트로닉스
바이오 테크놀러지
에너지
신소재
정보 통신
엔지니어링
메카트로닉스
소프트웨어
우주 개발
해양자원 개발
원자력

이다.

이러한 특징들은 〈금속 재료〉나 〈고분자〉, 〈무기 재료(세라믹)〉로 특징지어 정의하기 어려운 경향이 있다. 즉 금속은 결정으로 이루어져 있다는 일반적인 상식이 무의미해졌다는 점이다. 이 점은 기업의 입장에서 신소재 개발 분야를 주목할 때 제일 먼저 대두되는 특징이다.

의학 분야의 기능 소재 효과

신소재는 코스트 면에서 비교적 민감하게 반응하지 않는 경우가 있다. 이를테면 군사 목적이라든지 의학 영역이 바로 그와 같은 경우이다.

즉, 이 분야에서의 비즈니스는 〈만드는 데 얼마 들었으니까 우리는 얼마를 받아야 된다〉는 방식이 통용되지 않는다. 공해 발생 방지 기계에 쓰이는 〈방진 합금〉이 그 좋은 예이다.

방진 합금은 본래 영국 해군이 적의 구축함에게 발견되지 않도록 잠수함의 스크류의 소음을 감소시키기 위해 개발한 것이다. 그 후 노하우가 축적되어 현재는 민간 기업에서 경쟁적으로 이를 소음 공해 산업에 응용해 비즈니스에서 성공을 거두고 있다.

이처럼 의학에 사용된다거나 경보 장치와 같이 법률상 사용하지 않으면 안 되는 소재나 재료의 필요가 신소재 개발을 유발시킨다.

〈표 3-4〉 의약 분야의 기능성 재료 효과

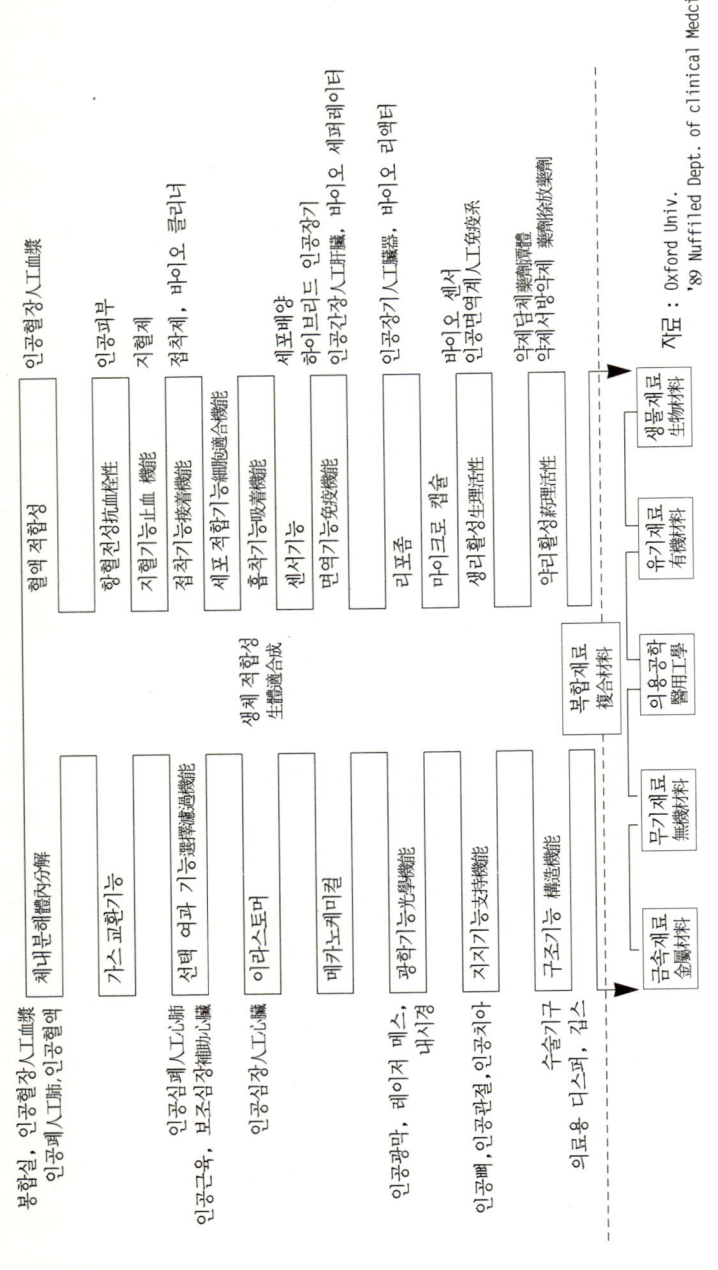

봉합실, 인공혈장人工血漿 제내분해體內分解 혈액 적합성 인공혈장人工血漿

인공폐人工肺, 인공혈액 가스 교환기능 항혈전성抗血栓性 인공피부 지혈제

인공심폐人工心肺, 보조심장補助心臟 선택 여과 기능選擇濾過機能 지혈기능止血機能 지혈제, 바이오 클리너
검착기능接着機能

인공심장人工心臟 이라스토머 생체 적합성生體適合成 세포 적합기능細胞適合機能 세포 적합기능細胞適合機能

메카노케미컬 흡착기능吸着機能 세포배양
센서기능 하이브리드 인공장기
면역기능免疫機能 인공간장人工肝臟, 바이오 센서미데이터

인공광막, 레이저 메스, 내시경 광학기능光學機能 리포좀 인공장기人工臟器, 바이오 리액터

인공폐, 인공관절, 인공치아 지지기능支持機能 마이크로 캡슐 바이오 센서
생리활성生理活性 인공면역계人工免疫系

수술기구 구조기능 構造機能 약리활성藥理活性 약제 담체藥劑擔體
이료용 디스포, 깁스 약제서방약제藥劑徐放藥劑

금속재료
金屬材料 무기재료
無機材料 복합재료
複合材料 의용공학
醫用工學 유기재료
有機材料 생물재료
生物材料

자료 : Oxford Univ.
'89 Nuffiled Dept. of clinical Medcin지

　　카본 파이버도 전형적으로 위와 같은 비즈니스 범주에 해당된
다. 카본 파이버는 본래 군용기에 사용되었으나 이후에는 골프 샤
프트에 사용되었다. 또한 전력을 저장하기 위한 프라이 호일에 사
용되고 자동차에 이용되는 등 점차 보급이 확산되었다.

　　이러한 특징으로 인해 기능성 재료의 효과를 주의 깊게 관찰해
볼 필요가 있다. (표 3-4)의 아래 부분은 생물 재료·유기 재료·
무기 재료·금속 재료를 나타낸다.

　　이러한 것들을 복합화 또는 복합재료로서 비즈니스 길을 개척
하는 것도 흥미롭고, 단체單體로 개척할 수도 있을 것이다.

극한에서 발생되는 신기술

　　현재 진행중인 재료 개발 과정을 통해 우리가 발견할 수 있는
특징 가운데 하나는, 신소재를 얻기 위해서 종래의 소재 제조법을
탈피하려는 움직임이다.

　　이러한 경향에서 비롯되는 것 중의 하나가 영역을 초월한 신소
재의 탄생으로, 초고압, 초진공, 초고도, 초저온, 초미립자 등이
그것이다.

　　다시 말해 순도를 극단적으로 높이는 방법이다. 아몰파스처럼
온도를 급냉각시키는 방법을 사용하여 지금까지 없었던 이질적
환경에서 만들어지는 재료나 소재가 많이 나타나고 있다.

　　이외도 복합 재료, 복합 소재가 증가한 점도 두드러지게 눈에

뛴다. 이러한 현상은 재료 설계가 매우 자유로이 이루어질 수 있기 때문에, 단순 재료만으로는 목적이나 성능을 충족시켜주지 못하는 경우 편리하게 이용되고 있다.

1989년에 미국의 금속학회가 발표한 미래 예측 보고서는 〈21세기에는 복합 재료가 단순 재료를 추월할 것이다〉라고 예측하였다. 그러나 또다른 관점에서 볼 때 복합 재료가 앞으로 급격하게 쏟아져나와 그 자체가 폐기물이 되었을 때 어떠한 현상이 나타날 것인가 하는 부정적인 측면도 제기되고 있다.

일반적으로 우리가 사용하는 가전제품이 폐기물이 되었을 경우 가격이 싸면 쌀수록 가치가 있다. 세탁기의 경우 동과 철판으로 이루어져 있다. 따라서 세탁기는 VTR보다 가격이 싸지만 폐기물이 되었을 때 동과 철판을 해체 수집하여 재생산할 수 있으므로 폐기물로서의 가치가 높다.

그러나 VTR이 폐기물이 되었을 때 세탁기와는 반대이다. 이유는 VTR은 여러 가지 복합 재료로 구성되어 있는데, 이것이 폐기물이 되면 재생될 수 없어 아무 소용 없는 물건이 된다.

현재 많은 기업들이 주목하고 있는 분야가 바로 복합 재료가 폐기물이 되었을 때 이것을 비즈니스 기회로 연결시킬 수 없는가 하는 점이다.

신재료 개발과 병행해서 폐기물을 잘 분리하고 회수하여 이것을 다시 사용할 수 있는 방법을 찾고 있다. 이러한 방법의 개발은 오히려 재료 개발에 못지않은 사업 기회를 가져다 줄 것이라고 인식되고 있다.

한 가지 예로 재료에 초저온을 가하면 재료가 저온성低溫性에 의해 흐물흐물해진다. 이것을 스크린에 걸어 비중차比重差로 처리하면 분리하기 쉽다.

현재 타이어에 사용되는 이러한 방법은 커다란 이익을 가져다주는 비즈니스로 기업가에게 황금알을 낳아주었다. 또한 가스 기기의 분리를 채산성이 맞는 비즈니스라고 보는 것은, 가스 기기를 수집해 가는 데 드는 비용이 높기 때문이다.

우리나라에서는 가정용 쓰레기를 버릴 때 지정 봉투를 사용해야 하는 것처럼, 21세기에는 복합 재료의 수집 분리가 유망한 사업이다. 분리 방법이나 재생 방법에 대한 연구는 계속 진행되고 있지만, 이중 소개할 수 있는 것이 자성류체磁性流體 분리 방법이다.

이 방법은 용매溶媒로서 산화철酸化鐵과 같은 가는 것을 물 속에 넣고 그 주위에 자계磁界를 걸면 그 곳의 비중이 커지거나 작아지는 성질을 갖게 되므로, 밀도가 높아지거나 낮아진다.

비중이 변화하는 것을 인위적으로 조작하여 복합체 재료를 분말화시킨 다음 원하는 대로 분리할 수 있다. 즉 신재료가 갖는 새로운 성질을 이용해서 재생하고 또 다른 재료로 사용할 수 있게 하는 연구이다. 현재 이 분야가 21세기 비즈니스로서 관심이 집중되고 있다.

극한 상황에서 만들어지는 신소재는 점점 많아지고 있다. 특성과 응용 범위는 (표 3-5)에 나타나 있다.

세선細線, 박막薄膜, 미립微粒의 특징을 가지고 있는 것은 유리 파이버, 마이크로 캡슐, 미립 마그넷, 탄소 파이버 등에 응용되며, 결정結晶에서는 완전 결정完全結晶 및 비정질 재료非晶質材料로

(표 3-5) 극한 기술

차 원	현 상	응 용
크 기	세선細線, 박막薄膜, 미립微粒	글라스 파이버 마이크로캡슐 미립 마그넷 탄소 파이버
결 정	완전결정完全結晶에 의한 비정질재료非晶質材料	실리콘 소자, 버불드메인
순 도	고순도에 의한 특성	반도체 디바이스, 극연재료極軟材料, 특수 전기재료
고 압	고압에 의한 신물질 합성	합성 다이아몬드, 신물질 합성
저 온	극저도極低度에 의한 초전도도超電道度	초전도 코일, 초유동招流通 He3, 반자성反磁性 베어링
고 온	고온에 의한 플러스마 현상	핵 융합 에너지 플러스마 레트, 플러스마 엔진

분류되며 〈위스커(초강력 재료)〉, 〈실리콘 소자〉, 〈버블 드메인〉
등에 사용되고 있다.

고순도高純度, 고압高壓 등의 특성을 살리는 비즈니스에는 합
성 다이아몬드와 신물질의 합성 등이 있다. 절대영도絶對零度에
가까워지면 갑자기 전기 저항이 없어져 전원을 끊어도 영구히 전
류가 흐르며 발열하지 않는 금속이 있다. 이러한 현상을 초전도
코일, 반자성反磁性 베어링 등에 이용하고 있다. 한편 고온이 되
면 고온에 의한 플라스마 현상이 나타난다. 이것을 핵융합 에너지
와 플라스마 제트에 이용하고 있다.

이처럼 극한의 현상을 이용해서 신소재를 만들어가는 분야 중
에서 초고압 과학 기술에 의한 영역이 대표적이며, 이 분야는 하
이테크 비즈니스계에서 주목받는 영역이다.

이를테면 초경질 재료超硬質材料나 고속 절삭高速切削이 그 예
이며, 가공 응용 기술로는 결정 육성結晶育成 등이 있다. 이처럼
극한 현상을 이용해서 재료를 만드는 신소재 기술이 21세기가 주
목하는 분야이다.

한편 가장 육성하기 쉬운 하이테크 비즈니스는 공해 관계 기술
비즈니스이다. 우리나라는 인구 밀도가 높은 편이므로 공기 오염
이나 하천 오염을 검출하는 센서를 만들어내는 비즈니스가 가능
성이 있다. 이러한 분야에 참여하면 환경 보호에 앞장서는 기업으
로 표명되고 성장 가능성도 높다.

향후 10년간의 기대 상품

기술 혁신이 진전되어 앞으로 커다란 신장이 기대되는 분야는 초 LSI가 선두주자이며, 비결정 금속과 뉴 세라믹 등이 그 뒤를 따른다. 재료 부문에서는 초전도 재료와 탄소 섬유가 있다. 이러한 부분은 향후 큰 성장이 예상되고 있다.

소재나 재료의 기술 혁신의 현실을 개괄적으로 정리하면 위에서 설명한 것과 같으나, 앞으로 어느 분야의 어떤 기술이 하이테크 비즈니스에서 시선을 모을 것인가에 대해 알아본다.

역시 집중 조명을 받고 있는 것은 아몰파스이다. 이 신재료는 이미 널리 사용되고 있고 용도도 다양하다. 특히 케이 소강판 방면에 아몰파스를 사용하면 양적으로 기대에 부응해주고, 또 해양 구축물이라든지 화학 공장처럼 내식성을 요하는 곳에서 많이 사용되기도 한다.

또한 의학용 기능 재료 면에서는 사용 범위가 넓어질 것으로 예상되지만, 단 문제로 여겨지는 것은 인체에 잘 맞아야 된다는 점이다. 평생 인체에 악영향을 주지 말아야 한다는 제약 등 특유의 다양한 문제도 내포하고 있다.

그러나 하이테크 비즈니스에서 아몰파스의 신장은 기대되고 있다. 각 기업은 이러한 신제품이 우리 생활에 깊숙히 들어올수록 그에 비례해서 어려운 문제를 갖게 된다는 점도 주목해야 한다.

환경 문제 중에서 한 가지 예를 들어보자. 풍차는 클린 에너지라는 측면에서는 긍정적인 요소를 가지고 있다. 그러나 풍차는 사람들에게 위압감을 준다.

프로펠러의 길이만 하더라도 20미터 정도가 되므로, 이 정도 길이의 프로펠러가 회전한다고 가정할 때 부근에서 생활하는 사람들은 심리적 위압감을 갖는다. 프로펠러가 부러졌을 때 어떻게 되나 하는 걱정을 하게 된다.

이외에도 풍차가 갖는 문제점은 지면의 습도의 영향을 받는 등 다양한 문제를 일으킨다. 그러한 만큼 인체에 직접 영향을 주는 재료나 소재 비즈니스에 있어서는 심각한 문제가 산재해 있다.

하이테크 비즈니스에서 세 번째 기대 상품은 엔지니어링 플라스틱이다. 엔지니어링 플라스틱의 장점은 경기를 타지 않는 편이라는 점이다. 일반적으로 호황과 불황은 동전의 양면과 같지만, 엔지니어링 플라스틱은 불황이 되면 플라스틱이 평행선을 그려내고 있어도 최근까지 15% 또는 16% 정도의 신장률을 보여주고 있다는 점이다.

이중에서도 폴리아미드, 폴리아세틸, 폴리카보네이트, 변성變成 폴리페니렌 오키사이드(상표명 : 노질), 폴리브치럽 텔레프타레트는 신장률이 컸다. 그러나 이 5가지 상품이 시장을 지배하는 현상을 놓고 시각에 따라서는 두 사람밖에 들어갈 수 없는 욕조에 다섯 사람이 들어간 상태라는 견해도 있다.

또 일반적 경향으로는 현재 21세기 하이테크를 지향하는 화학 회사들은 엠프러 또는 세라믹 방면으로 사업을 다각화하고 있는 추세이다.

(표 3-6) 기술혁신을 지탱해주는 재료

분 야	재 료 명
정보 관련 재료	광 파이버 레이저 발진 재료發振材料 액정液晶 센서 재료 요셉슨 효과 소자效果素子 갈륨 · 비소砒素 도전성 고분자導電性高分子
에너지 관련 분야 재료	수소 저장 합금水素貯藏合金 초전도 재료招電道材料
기계 제조 관련 재료	세라믹 엔진 엔지니어링 플라스틱 탄소 섬유 복합 재료 아몰파스 재료 타탄 재료
기타 기능성 재료	의학용 기능성 재료 파인 세라믹 고효율 고분자 분리막 재료 초미립자 자성유체磁性流體 형상 기억 합금

하이테크 비즈니스에서 네 번째로 주목되는 것은 형상 기억 합금이다. 형상 기억 합금은 어느 일정 온도에서는 일직선, 평행선 상태를 유지하다가도 상온常溫에서는 나선형 spiral으로 변한다.

어느 일정 온도까지 다시 올려주면 형상 기억 합금은 직선으로 변하는 특성이 있다. 온도에 따라 형태가 변하거나 원래 상태로 되돌아오는 것이다. 이러한 성질을 가진 금속은 지금까지 금속으로서 니즈needs가 없었다.

그러나 이러한 성질을 가진 금속을 비즈니스로 연결시킨 최초 분야가 어린이용 완구이다. 현재 이러한 상품은 어디에서나 찾아볼 수 있다. 이를테면 어느 온도에서는 꽃봉오리 형태를 하고 있던 완구가 주변 온도가 올라가면 꽃이 만개하는 형태로 변하는 완구류 등이 그 예이다. 이러한 완구의 경우에서와 같이 앞으로 〈형상 기억의 성질〉을 이용한 하이테크 비즈니스의 높은 신장률이 기대된다.

대형 비즈니스에서는 석유 파이프 연결 부분에 형상 기억 합금이 사용되고 있다. 파이프 중간에 나선형 형태를 넣을 필요가 있을 경우, 온도가 높을 때 직선으로 투입하면, 상온으로 되돌아왔을 때 파이프 안의 금속이 나선형으로 변하게 된다.

온도에 따라 형태가 변화되는 이러한 성질을 이용한 엔진을 만들고자 하는 움직임이 활발하다. 형태가 변화되므로 여기서 자장磁場을 만들어 발전發電시킬 수 있기를 기대하는 것이다.

이처럼 분리막 비즈니스는 다양한 가능성을 갖추고 있는 상태에서 연구 개발이 진행되고 있다. 갈륨 비소는 실리콘 반도체보다도 10배 정도의 빠른 속도로 신호 처리가 가능하여 한때 비즈니스 기대가 컸으나, 세계적 싱크탱크의 연구원들의 연구 보고서에 의하면 실리콘 반도체가 갈륨 비소로 대체화되는 것을 부정적으로 보는 의견이 주류를 이루었었다.

이들은 갈륨 비소를 실리콘 반도체와 대체하는 데 주목하기보다, 갈륨 그 자체를 획득해야 할 필요성에서 갈륨을 잘 정련精鍊해 추출하는 쪽에 더 관심을 가지고 있다. 갈륨 비소의 실리콘 반도체로의 대체화보다는 실리콘 반도체와 갈륨 비소의 공존의 길을 암시하고 있는 것으로 해석된다.

이 밖에 주목해야 할 하이테크 소재나 재료로는 에너지 분야에서의 수소 저장 합금水素貯藏合金이 있다.

수소 저장 합금은 수소를 넣은 후에 가열시켜 수소를 분출시키는 방법에 의한 합금이다. 지금까지 수소 저장 합금은 해양 온도차 발전에 이용되어왔다. 해양 온도차 발전은 해면 온도와 해저의 온도 사이에 생기는 20도 정도의 온도차를 이용하여 어느 온도에서는 기체로, 어느 온도에서는 액체로 변하는 런킹 사이클에 의해 발전하는 방식이다.

해저 가까이 있는 온수로 프론의 온도를 증류시킨 후 그 증기로 터빈을 회전시켜 전력을 얻는 시스템이다. 이렇게 발전시켜 얻은 전력을 저장하기 위해 수소 저장 합금이 사용된다.

우리나라는 지형상 해양 온도차 발전에 적합한 환경을 가지고 있다. 그 가운데 한 가지가 해양 온도차가 20도 정도이고 수심 600미터 정도의 해역이 있다는 점인데, 난점이 없는 것은 아니다. 가장 큰 문제점은 겨울철인데, 겨울철에는 온도차가 없다는 점이다.

이 분야의 비즈니스 관계자의 자료에 의하면 해양 온도차 발전에 적합한 나라는 통가왕국처럼 사계절이 여름인 지역이 적합한 것으로 나타났다.

그런데 수소 저장 합금을 이용하면 다른 지역의 해양 온도차 발전에서 얻은 전력을 수소 저장 합금에 저장하여 다른 지역으로 이동시킬 수 있다는 면을 가지고 있다.

최근 수소 저장 합금이 이처럼 주목받고 있으나, 아직 가격이 고가로서 가격 문제가 가장 큰 난점으로 남아 있다. 이처럼 가격이 고가인 이유는 수소 저장 합금이 티탄철, 런턴과 니켈 또는 마그네슘 니켈과 같은 합금으로 되어 있기 때문이다.

그런데도 수소 저장 합금이 하이테크 비즈니스에서 주목을 받고 있는 것은, 〈유사시〉에 에너지를 수소 합금 속에 저장하여 필요에 따라 이동시켜 사용할 수 있는 긍정적인 면을 주목하고 있기 때문이다. 그러나 화려한 선전만큼 이용되고 있지 않는 것이 현실이다. 현재 상품으로서 보급되고 확산되는 정도는 미미하다.

다음은 센서 재료이다. 센서 재료 부문도 하이테크 비즈니스에서 빼놓을 수 없는 상품이다. 센서 기기는 현재 우리 생활에 깊숙히 들어와 있다. 자동문에 사용되는 센서에서부터 종류도 다양하고 기능도 점점 다양해지고 있다.

현재는 실험중이지만 방사능을 투사하면 꽃의 색이 변하는 식물이 있다. 꽃이 변색하는 것은 자연 현상이다. 꽃이 변색되는 식물을 원자력 발전소 주위에 심어놓으면 방사능이 누출되었을 때 꽃잎의 색이 변하므로, 이 식물은 자연 센서 역할을 하게 될 것이다. 이러한 센서 역할을 하는 꽃의 메커니즘을 분석하여 그 메커니즘을 인공적으로 만들려는 작업이 추진되고 있다.

이외에도 비둘기의 귀소 본능은 지자기地磁氣와 관계가 있는 것처럼 알려져 있는데, 이러한 메커니즘을 인공 기계로 만들려는 움직임도 있다.

또한 박쥐가 캄캄한 동굴에서 부딪치지 않고 어떻게 비행할 수 있는가 하는 의문점을 갖는다. 박쥐가 앞이 보이지 않을 정도의 캄캄한 동굴에서도 벽과 충돌하지 않고 날 수 있는 것은 음파를 사용하기 때문이다.

이처럼 최근에는 동식물의 센서 메커니즘을 밝혀내기 위한 작업이 활발하게 진행되고 있다. 21세기 유망 상품 중의 하나인 센서 부문에서는 이처럼 동식물의 기능을 살린 기계가 센서 부문 비즈니스에서 승부수로 작용할 것으로 여겨지고 있다.

다음은 티탄 재료이다. 티탄 재료 기업은 현재 성장에 성장을 거듭하고 있다. 그러한 이유는 티탄 재료가 다양한 곳에서 사용되기 시작했기 때문이고 앞으로도 성장성이 높기 때문이다.

티탄의 용도는 수소 저장 합금이나 군용 전투기, 해수의 담수화 등이다. 예전에는 티탄의 신장성에 의문을 가졌던 시기도 있으나, 현재는 이미 본격적으로 티탄의 수요가 급증하는 시대로 접어들었다. 게다가 〈꿈의 금속〉 또는 〈킬로그램 단위에서 톤 메탈로의 변화〉라고 일컬어질 정도로 티탄의 신장은 계속되고 있다.

이미 일상 생활 부문까지 진출했다. 그 좋은 예가 안경테이다. 안경 프레임에 티탄을 사용하면 고강도를 유지할 수 있고, 화장품 용기류는 티탄의 사용으로 내식성도 강해진다.

앞으로도 티탄은 디멘스 크리에이션 면에서 〈이러이러한 곳에 티탄을 사용할 수 있으며, 그러한 경우 티탄을 사용하면 더욱 좋다)는 식의 세일즈가 계속 늘어날, 기대되는 하이테크 비즈니스 상품이다.

그 밖에 하이테크 비즈니스 기업가들이 아직 미련을 버리지 못하는 분야 중의 하나가 역시 태양열 관계 부문이다. 사실 이 부문에서만큼 기업의 부침이 심한 분야도 없었다. 연구비 지출에 비해 효과가 적었을 뿐 아니라 난점도 많았다.

태양열 이용을 크게 구분해보면 광 발전과 열 발전으로 분류해 볼 수 있다. 광 발전 부분은 효율성이 있어 돌파구를 찾을 수 있으나, 열 발전은 여전히 난점이 많다.

그러나 크롬계 합금의 초미립자를 잘 흡수하는 것으로 알려져 있으며, 미립 상태에서 유리 표면을 코팅하면 빛의 흡수가 커지게 된다. 이와 같이 재료를 에너지 문제에 연결시켜 효율을 높이는 연구가 활발히 전개되고 있다.

신기술 실현이 가져다주는 기대

신기술이 언제쯤 실용화될 수 있는가 하는 점은 하이테크 기업가에게는 초미의 관심사 중의 하나이다. 이러한 관심을 객관적으로 충족시켜주는 것은 세계 각국 과학원의 예상 발표이다.

여기서는 발표된 예상 기술을 종합적인 관점에서 정리해본다. 환경 문제는 현재도 심각하지만 21세기는 더욱 심각해질 것으로 예상되며, 이러한 환경을 배경으로 한 유망 비즈니스는 〈완전 이용 기술〉 관련 비즈니스이다.

광물 자원의 모든 정련精鍊, 정광精鑛 공정에서 가스, 먼지, 연기, 폐기물을 순환시켜 이용할 수 있는 완전 이용 기술이 유망 비즈니스이다. 즉, 폐기물을 전부 유가물화有價物化하는 비즈니스이다.

이러한 기술은 2000년까지는 실현될 것으로 예상하고 있다. 알루미늄 공장 폐기물을 없앤 적토의 이용이 실용화 단계에 있고, 동이나 알루미늄의 사용을 대폭적으로 절약할 수 있는 기술인 광통신 기술이 개발되었다.

한편 초염기성 암류超鹽基性岩類 등을 용해시켜 유체로 만들어 함유 금속 자원을 완전히 이용할 수 있는 기술이 2007년 개발될 것으로 예상되고 있고, 박테리아나 빛에 의해 분해되는 플라스틱이 보급되는 해는 1999년으로 예상하고 있다.

한편 수천 미터 심해저深海低에 묻혀 있는 망간 채집이 가능한 기술이 경제적으로 채산이 맞는 시기는 1997년으로 예상하고 있다.

심해저에는 망간이 많으나 비즈니스 관점에서는 망간 채집보다 망간이 묻혀 있는 곳에 함께 있는 코발트에 더 많은 관심을 보이고 있다. 망간은 세계 각지에 흩어져 있고, 코발트는 편재되어 있는 상태이다.

이 외에 하이테크 비즈니스로 각광받을 수 있는 부문은 〈탐사〉와 〈측정〉이다. 우리나라 기업이 취약한 면을 보이고 있는 부문이 바로 화학 플랜트, 식품 등의 측정 관계이다. 기술을 중시하는

기업으로 성공하는 것이 무엇보다 중요하지만 21세기에는 삶의
질을 높이는 시대이므로, 측정의 미묘한 차이가 차별화를 이루어
내므로 이러한 측정이나 탐사 비즈니스도 유망하다.

폐기물을 보물로 바꾸는 비즈니스

　세계 각국의 과학원의 예측 보고서를 살펴보면, 그들의 예측은
폐기물에 대한 과제가 많다는 것이 특징 중 하나이다. 10년 전의
발표 시점을 기준으로 그 후에도 계속해서 폐기물에 대한 논의가
많아짐을 알 수 있다. 미국의 맥로울사의 기술 예측 보고서도 매
년 폐기물 관련 과제가 많아지고 있다.

　복합 소재만 보더라도 이러한 소재가 폐기물이 되었을 때의 문
제가 심각해지는 것은 우리나라뿐만 아니라 전세계에서 공통적으
로 인식하는 심각성이다.

　이러한 심각성은 곧바로 새로운 비즈니스 기회와 창조를 유발
하는 기회를 제공한다. 이를테면 소재의 폐기물 문제의 경우 작게
분리하는 방법이 있다고는 하지만 코스트 문제가 대두된다.

　얼마 전에 은 가격이 세계적으로 치솟아 은으로 만든 가전 제
품이 회수가 잘 되던 시기가 있었다. 이러한 현상이 의미하는 것
은 결국 만들 때부터 그 제품이 폐기물이 되었을 때까지를 고려해
서 만드는 방법 중 한 가지를 가르쳐 준 셈이다.

　21세기는 삶의 질을 추구하는 시대이므로, 폐기물에 대한 관리

가 점점 심각해지는 현실에서 폐기물 회수, 분리, 재생의 하이테크 비즈니스가 유망하다.

따라서 전기 기기 부품을 제조하는 중소기업이라면 내용 연수가 10년 정도인 전기 기기가 폐기물이 되었을 때 어떤 특수한 광선을 투사하면 형태가 없어지는 것과 같이, 폐기물에 대한 처리에 차별화를 기하는 연구가 필요하다. 이러한 차별화는 21세기의 기업 경쟁력에서 매우 중요하다.

대기업들도 재료나 소재가 상이한 질로 구성된 것을 무작위로 사용하지 않고, 폐기가 용이하며 재료를 통일해서 사용하는 방향으로 진척시켜나가고 있다. 이것은 결국 폐기물 문제를 일으키지 않겠다는 노력이다.

소재 혁명 비즈니스의 정리

지금까지 서술한 것처럼 소재를 둘러싼 혁명적 기술 개발은 다양하며 진전에 진전을 거듭하고 있다. 게다가 이와 같이 급진하는 소재 기술 개발은 보다 새롭고 가치 있는 비즈니스를 제공하고 있다.

21세기는 삶의 질을 추구하는 고도의 문명을 성숙시켜가는 시대이다. 다시 말해 폐기물의 방치나 경제 일변도의 강조성과 필요에 의한 기술은 통용되지 못한다는 시대적 특성을 고려할 필요성이 대두된다.

〈소재〉면에서 하이테크 기업을 지향하는 기업가들은 혁신적 소재가 시장성이 밝다는 측면에 모두 동의한다. 또 21세기가 갖는 특성상 소재 개발 기술은 동전의 양면처럼 기술 개발과 기술 개발에 의한 시장 확보에 정비례하여, 이들 소재에 대한 분별·분리·수집·재생 기술도 병행해야 할 필요가 있다.

지금까지는 시장에 내놓기만 하면 판매가 가능했지만, 앞으로는 시장에 내놓은 상품이 얼마 동안의 기간이 경과되어 폐기물이 되었을 때 그것을 수집·분별·분리·재생의 책임을 기업이 져야 하며, 그 부담을 방치하거나 차세대로 넘기려는 기술이나 상품은 21세기에 살아남을 수 없으며 통용되지 못한다.

21세기 기업의 〈기술은 그 기술에 의한 이익과 혜택 이외에도 그 기술이 가져다 주는 악영향에 대한 처리 기술이 함께 존재〉해야 한다.

미래 소재는 모두 화려한 〈신소재〉로 변화된다. 그러나 여기에 못지않게 이러한 신소재의 폐기물 처리 기술 개발이나 비즈니스도 중요하며, 성장 산업의 하나이다.

TECHNO BUSINESS

제4장
바이오 테크놀러지 사업 부문

바이오 테크놀러지와 일렉트로닉스 기술의 차이

인간을 포함한 살아 있는 생물체는 마치 커다란 건물이 하나하나의 벽돌의 조합에 의해 이루어진 것처럼 모두 세포에 의해 이루어져 있으며, 모든 생물, 식물, 곤충, 병균도 마찬가지이다. 세포 하나하나에는 하나의 살아 있는 설계도가 1세트씩 들어 있다. 인간은 머리끝부터 발끝까지 억 단위의 세포로 이루어져 있다.

한편 대장균이나 효소균은 하나의 세포로 이루어져 있는데, 이와 같이 생물 중에는 단세포로 이루어져 있는 생물군과 세포가 무수히 많은 다세포 생물군으로 크게 구분할 수 있다.

그러나 단세포 생물이나 다세포 생물 모두 공통적으로 세포 안에 〈명령어〉가 새겨진 설계도가 들어 있다. 세포 안에 들어 있는 명령어가 바로 DNA(디옥시리보 핵산)로 지칭되는 화합물이다.

DNA에 기억되어 있는 정보는 무수히 많은 양이다. 이를테면 인간의 DNA는 머리 모습부터 시작해서 성격, 체형, 성질 전부를 DNA의 화학 구조로서 정보화시킨다.

그것은 1밀리미터의 1,000분의 1 정도의 크기로 세포 속에 들어 있다. 다시 말해 마이크로 레벨보다도 더 작은 구조 속에 들어 있는 것이다. 이러한 의미에서 바이오 테크놀러지는 이미 지질 시대 부터 생물들 속에 들어가 움직여왔던 기술로 볼 수 있다. 인간은 그러한 구조와 매일 만나면서 살고 있는 것이다.

현저한 기술 진보를 보이고 있는 일렉트로닉스는 모방할 수 있는 모델이 전무한 상태에서 출발했다.

예를 들면 IC(집적 회로)는 LSI(대규모 집적 회로)로 진보했고, 그다음은 초 LSI로 진보해서 전화, TV, 전자 계산기 등을 실현시켰다. 즉 미개척 상태를 개척해나가는 성격을 지닌다.

그러나 바이오 테크놀러지는 우리가 매일 살아가고 있는 원리에서 출발하여, 과학적 원리나 원칙에 의해 다시 구현하자는 발상이다. 이러한 의미에서 바이오 테크놀러지 기술은 첨단기술 중에서도 다른 첨단기술과 상당히 다른 성격을 가지고 있다.

생물 구조는 움직임이 복잡하다. 1920년대 후반에 인체 속에서 인슐린이라는 호르몬 물질이 분비되어 이것이 혈액 속의 당분을 조절한다는 것이 확인되었다. 이러한 균형의 파괴는 당뇨병으로 연결된다. 이후 인슐린 주사에 의해 부족분을 채워주면 당뇨병이 치료되리라는 기대와 함께 곧바로 의약품으로 만들어 상품화시킬 수 있는 방법이 연구되어 시장화에 성공했다.

이러한 성공은 기초 연구자와 기업가에게 많은 부를 안겨주었다. 당시 인슐린과 같은 복잡한 화학물을 합성하는 것은 거의 불가능하다고 인식되었으나, 그 후 돼지나 양에서 인슐린을 추출해내는 등 다양한 연구가 지속되었다.

인슐린이라는 호르몬 물질은 포유류라면 대체적으로 동일한 화학물로서, 혈액 속에 분비되어 혈액 중의 당분을 조절하는 움직임

(표 4-1) 바이오 테크놀러지와 일렉트로닉스의 비교

바이오 테크놀러지		일렉트로닉스	
1865	멘델 법칙		
		1883	에디슨 효과
1885	대장균		
1897	알콜 발효		
		1906	진공관
1943	페니실린		
1944	유전자 DNA		
		1948	auto 트랜지스터
1953	DNA 이중 나선 구조		
		1958	IC
		1971	마이크로 프로세서
1972	유전자 조작		
		1975	퍼스널 컴퓨터
1978	인슐린 생산		

도 비슷하나, 일부 돼지나 양의 인슐린은 사람에게 투여했을 때
부작용이 따랐다. 이 때 〈동일하면서도 전혀 다른〉 생물의 신비
사이에서 미묘하게 균형을 유지하려는 연구가 바이오 테크놀러지
에서 필요했다.

　인간과 가장 유사한 동물은 원숭이이다. 생물 진화 측면이나

신체의 구조나 동작 면에서 비교해보아도 공통된 부분이 많다. 이를 바탕으로 한 바이오 테크놀러지의 추진으로 보아 문제 해결에 기대를 걸어볼 수 있으므로, 이 분야의 비즈니스는 희망적이다.

〈사람 한 사람 한 사람은 제각기 서로 다르다〉는 인식은, 의료 분야에서 한 가지 처방이나 한 가지 약으로 모든 사람을 고칠 수 없다는 점으로도 알 수 있다. 어느 한 사람의 안색을 살피고 맥을 짚어보지 않는 한, 그 사람에게 가장 알맞은 치료법은 알 수 없다는 것이 일반적인 의학 상식이다.

바이오 테크놀러지 고유의 과제는 앞으로 아무리 바이오 테크놀러지가 진보한다고 해도 숙제로 남게 될 것이다. 이처럼 기본적 제약 속에서 바이오 테크놀러지가 전개하고 있는 기술은 〈발효〉이다.

효소 프로세스에 의한 물질 생산은 토지나 기후 등 그 외의 자연 조건에 제약을 받지 않는다. 오늘날 지구상에는 수많은 사람들이 기아선상에 놓여 있는데, 경작지를 기준 이상으로 확장시켜도 인구 증가에 따라 식량은 더욱 부족해질 것이다. 일부에서는 21세기에는 인류가 기아선상에 놓일 것이라는 불행한 예측도 나오고 있다.

여기서 생겨날 수 있는 사업이 미생물을 응용한 사업이다. 연구가 진행중인 것으로 미생물을 응용한 단백질이 있다. 원료를 에탄올, 수소가스 또는 석유에서 찾고 있는, 악명 높은 〈석유 단백질〉이 그것이다. 단백질의 원료에 관한 연구는 논외로 하더라도, 토지의 제약에서 해방될 수 있는 단백질 연구는 향후 전망 있는 사업이 될 것이다.

인간과 원숭이는 공통된 부분과 비슷한 면이 있으면서도 아주 다르다. 인간 사회는 민족에 따라 서로 다르며, 결혼을 해서 자녀를 가질 수 있다는 점에서는 공통이지만, 궁극적으로 인간은 개개인이 전혀 다르다는 점도 동시에 가지고 있다.

따라서 생물이나 동물은 어디까지가 동일하고 공통되는 점이 있으며, 어디까지가 서로 다른 종인가 하는 구분이 바이오 테크놀러지 연구에서 어려운 점이다.

기계는 설계도 한 장이면 세계 어느 나라에서 제작하더라도 동일한 제품이 나올 수 있고 동일한 성능을 발휘할 수 있다. 그러나 생물의 경우는 결코 그러한 일은 일어나지 않는다. 이를테면 완전히 동일한 유전자를 가진 두 사람이 생활 환경이 서로 다른 곳에서 살게 되면 행동이나 사고에서 차이가 나타난다.

현대를 살고 있는 사람들과 조선 시대의 사람들의 신체적 조건을 비교 조사할 수 있고, 차이가 나타날 수 있다고 보는 가정을 바탕으로 다음과 같은 정의가 성립된다. 〈생물은 장소와 시대에 따라 서로 차이가 있다〉고 할 수 있다. 이러한 정의가 적용될 수 있는 분야는 현재 바이오 테크놀러지나 농업·의료 부문이다.

물리적 기술은 대량 생산에 알맞으므로 점점 스케일 메리트 scale-merit를 추구했다. 반면에 바이오 테크놀러지에 기대하는 것은 다르다. 현재 우리나라는 국민 건강 보험이나 농업 문제는 해결하고 있으나, 이 부분은 단순하게 효율성이나 생산성을 기대할 수 있을 정도로 간단하지 않다.

한 가지 예로 기후와 작물의 생육 상태를 하나하나 모니터해서 비료와 농약 등을 주는 수고를 하지 않는, 즉 보정 조건을 설정하여 일정하게 다이얼을 맞추기만 하면 계속 동일한 단백질이 생산되는 기술을 생각해볼 수 있다.

현재 이 기술에 근접해가는 것이 발효 기술이다. 효소 기술은 지금까지의 의료나 농업 분야에서 갖고 있던 기술적 제약을 대폭적으로 해소할 수 있는 가능성이 있다.

의료 분야에서는 돼지나 양의 인슐린이 사람에게 부작용을 일으킨다. 그러나 대장균을 응용해서 인간의 인슐린과 동일한 화학물을 만들면 이러한 문제는 해결된다.

따라서 바이오 테크놀러지를 사업적 관점에서 정리하면 다음과 같은 결론을 얻는다.

바이오 테크놀러지 장르 속에서 발효 공업이 빠른 속도로 발전하여 주류를 이루어나가리라는 전망이다. 다시 말해 발효 공업은 의약품과 의약품에 근접한 분야의 물질 생산을 위해 발전되리라는 전망이다.

시간과 돈이 드는 기술

바이오 테크놀러지의 진보를 기업적 관점에서 관찰해서 얻을 수 있는 특색 중 하나는, 착실히 연구를 거듭해나가는 과정에서 좋은 성과를 얻게 된다는 점이다.

유전자 조작은 영국 케임브리지 대학의 연구소 소속인 두 젊은 과학자인 위트슨과 클리크가 찾아낸 이중 나선형 구조 모델에 의해 〈제한 효소〉가 발견되었다고 알려져 있다.

그러나 실제로는 1865년 유전 현상을 경영적으로 규칙화하여 설명한 멘델 법칙에서 비롯되었으며, 이것은 초등학교에서 공부하고 배울 수 있는 〈멘델의 완두콩 이야기〉이다.

즉, 멘델 법칙의 발견으로 1896년에 노벨상이 처음으로 창설된 이래 3, 40년간의 노벨상에서 얻어낸 연구 결과를 모두 모아 대장균을 이용한 인슐린을 만들 수 있었고, 이것을 사업화시킬 수 있었던 것이다.

일렉트로닉스 기술은 1883년에 에디슨 효과가 발표된 후, 진공관이 만들어졌고 그 다음에는 무선 통신에 사용되고 트랜지스터가 개발되어 포터블 라디오가 보급된 것처럼, 각각의 기술은 곧 제품화되었다.

실현된 욕구가 또다시 새로운 기술의 원리를 개발하기 위한 동기가 된 것처럼, 기술과 과학의 관계는 상호 영향에 의해 서로의 진보를 촉진시키는 효과가 크다.

이에 비하면 바이오 테크놀러지의 경우, 적어도 유전자 조작에 관한 한 그러한 상호 보완적 관계가 과학은 과학으로서 상아탑 안에 있었고 기술은 응용과는 거리가 멀었기 때문에, 뒤늦게 기업 연구소의 기초 연구가 거듭되어 겨우 1978년에 인슐린 생산이 가능했던 것이다.

이러한 예에서 알 수 있는 것은 바이오 테크놀러지 분야의 기술 진보는 일렉트로닉스 분야와 비교할 때 지금까지 현저히 늦은 속도로 진보해왔다는 점이다.

한편 바이오 테크놀러지의 내용은 직감적으로 이미지화시키는 것이 쉽지 않다. 반면에 일렉트로닉스 분야의 원리는 쉽게 이미지화시킬 수 있다. 이와 같은 현상은 바이오 테크놀러지에 대한 연구 발전이 최근 100년 동안 생활과는 동떨어진 채 진행되어왔다는 사실에서 비롯되었다고 할 수 있겠다.

일렉트로닉스와 바이오 테크놀러지를 비교 대조하면, LSI로 대표되는 일렉트로닉스에 대해 미국과 아시아가 압도적으로 우위에 있다.

유전자 조작 등으로 대표되는 바이오 테크놀러지에 관해서는 미국과 유럽이 우위에 있다. 이러한 이유는 영국은 18세기 이후 20세기에 걸쳐 세계의 부가 집중되었던 나라로서, 이러한 배경을 바탕으로 직접적 이익과 상관없이 진리 탐구를 위한 기초 과학에 대한 연구가 가능했고 활발했기 때문이다.

그러한 배경이 오늘날과 같은 높은 수준의 영국의 바이오 테크놀러지의 진보를 가져왔다.

한편 미국은 연구비가 풍부하고 설비는 충실하지만, 역사적 축적을 필요로 하는 연구 활동 분야는 유럽에 뒤떨어진다.

중세 이후 서구 사회에서는 과학이 발달했다. 그러나 그 후 시대의 흐름이 변해 금세기 초에는 중심이 영국으로 이동되었다. 또한 영국과 경쟁적인 양상을 띠고 프랑스가 대두되었다. 이 두 나라에 비해 독일은 20세기 들어서 기계나 합성 화학 분야에서의 기술은 기술력에서 우위를 차지하였으나, 바이오 테크놀러지와 같은 기술에서는 여전히 후진성을 면치 못했으며, 오늘날에도 영국에 비해 후진성을 면치 못하고 있다.

최근 100년 동안 바이오 테크놀러지는 기초 연구와 응용 기술 개발이 반드시 연대하는 형태로 발전해오지 않았다. 그러나 현재 바이오 테크놀러지는 유전자 조작을 포함한 〈자원 제약 극복〉을 위한 유망 사업으로 부상하고 있다. 자원 제약 극복 또는 전인류적인 문제 극복을 위해, 바이오 테크놀러지와 관련되는 사업과 다양한 기술은 유력한 해결책이 될 가능성과 비중이 높아지고 있다.

삼성의 이건희 회장은 한 석상에서 〈21세기에 기업을 살리는 것은 1만 명의 인력이 아니라 단 한 명의 두뇌이므로, 나에게는 1만 명의 인력보다 단 한 명의 우수한 두뇌가 더 소중하며 필요하다〉고 말한 바 있다.

유럽이나 미국의 학자는 상아탑에 들어가면 거기서 영원한 진리를 추구하는 것으로 일생을 마치는 것이 보통이다. 과학적인 기초 원리를 탐구하기 위한 연구 자세는 궁극적으로 국가 경쟁력을 높이는 형태로 이어진다.

당시로는 언뜻 보기에 실용성이 전혀 없다고 여겨지던 일련의 연구가 인공 혈액이나 작물 재배 관리 기술 등 획기적인 결과의 탄생을 가져왔다.

화학의 발단은 〈연금술〉로 알려져 있다. 불특정한 장소에서 파낸 흙을 굽거나 찌면 금이 되지 않을까 하는 상상이 바탕이 되어, 중세 유럽에서의 화학 분야 산업이 활발하게 진행되었다고 한다.

시행착오를 거듭하는 노력으로 인해 다양한 원소元素가 발견되었고 물질의 구조가 밝혀졌으며, 이러한 것을 집대성시킨 것이 화학이다.

최근 미국에서는 바이오 테크놀러지 분야에서 노벨상을 수상한 과학자들이 연구 결과를 응용하기 위해 회사를 설립하기 시작했다. 1982년과 1983년에만 200여 개 이상의 회사가 설립되었으며, 탈락하는 회사마저 등장했다.

우리는 이러한 현상에서 어쩌면 기이한 인상을 받을 수 있다. 그러나 미국이나 유럽에서는 극히 당연한 현상들로, 그들은 어쩌면 일확천금을 벌어들일 꿈을 가지고 기초 연구를 해온 것인지도 모른다.

이러한 꿈이 그들에게 바이오 테크놀러지 분야에서 장점으로 작용했을 수 있으며, 그러한 현상의 부재가 우리 기업의 약점이 될 수도 있다.

생화학에 대한 이해

화학은 물질적 기술과 생물적 기술 그 중간에 위치한다.

생명의 움직임이나 생명의 구조, 그리고 생명의 형태를 만들고 있는 다양한 물질의 움직임의 토대 위에서 이해하려는 사고, 즉 〈생명〉을 〈화학의 언어〉로 설명하는 것이 생화학이다.

바이오 테크놀러지는 생화학 분야에서 지금까지 축적된 연구 업적을 통해 농업이나 공학에 응용함으로써 기술을 비약적으로 발전시키는 토대가 된다.

질병의 원인인 미생물이나 미생물의 움직임을 응용하면 조미료, 술, 항생 물질을 만들 수 있다는 사실은 잘 알려져 있다. 그리고 이미 각각의 목적 또는 원하는 성질에 맞는 균菌을 찾아내려는 노력이 지속되고 있다. 유용한 성질을 가진 균을 찾아내는 것은 항생 물질 개발에서 가장 중요한 작업이다.

세계적인 생화학자들에게 각기 다른 전세계 여러 장소에서 흙을 채취하는 것은 1차적인 작업이다. 그들은 채집한 흙을 시험 배양을 통해 조금이라도 더 좋은 항생 물질을 생산할 수 있는 균을 선별한다.

몇 백 년 전에 이루어졌던 연금술 개발 작업이 현대에도 계속되고 있는 것이다. 30명 이상의 노벨상 수상자를 배출한 생물의 유전 현상 연구가 최근에 화학적 언어로 사용될 수 있었고, 실제로 화학적 구조로 정리할 수 있게 되었다. 다시 말하면 과학적인 지식을 기술로 응용할 수 있는 수준에 도달한 것이다.

생물적 기술과 물리적 기술

바이오 테크놀러지를 앞에서 설명한 유전자 조작 등으로 생각하기 쉽지만, 실은 연구 분야 전체를 보면 어디까지나 일부에 지나지 않는다. 최근에 활발한 연구가 진행되고 있는 면역학, 신경과학, 공중 위생학, 영양학도 광의의 바이오 테크놀러지 범위에 포함시킬 수 있다.

바이오 테크놀러지의 범위를 알아보는 하나의 예로 면역학을 살펴보자. 인터페론은 암을 고칠 수 있는 가능성을 가지고 있다. 지금까지의 항생 물질로는 어떻게 해볼 수 없었던 바이러스가 병

(표 4-2) 생명 과학의 발전

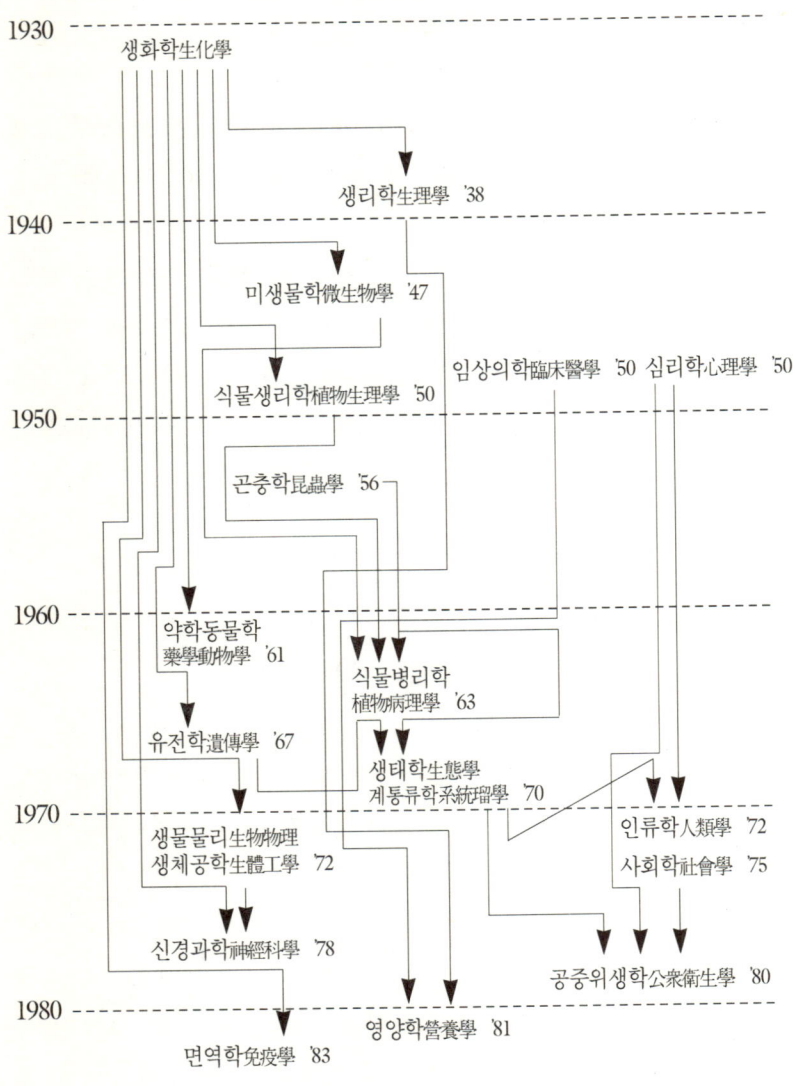

주 : 연도는 ANNUAL REVIEW지의 발행 연도를 표시

의 원인이 되어 일어나는 유행성 감염과 같은 병에 인터페론이 사용되었다. 인터페론이 주목받고, 인터페론을 만들어내는 자체는 유전자 공학의 성공이다.

그러나 인터페론이 어떻게 병을 고칠 수 있는가, 어떻게 해서 병이 낫는가 하는 것은 유전자 공학이 아닌 면역학 분야에서 이루어지는 연구이다.

따라서 바이오 테크놀러지를 유전자 공학이나 DNA 조작을 대표하는 것처럼 인식할 수 있으나, 이는 바이오 테크놀러지 가운데 극히 일부에 해당되는 정도로 바이오 테크놀러지의 폭은 넓다.

게다가 생물적 기술이 물리적 기술과 전혀 상관 없이 진보한 것은 아니다. 이를테면 현미경은 16세기에 발명되어 17~18세기에 들어와 활발히 사용되었으며 현재에 이르렀다. 당시 현미경은 생물학의 상징이었다.

현미경이라는 물리적 기술의 성과로 인해 세포를 알아냈고, 세포가 살아 있다는 것도 알아낼 수 있었다. 또한 인간의 모든 질병의 원인이 된다는 것도 알 수 있었던 것이다. 예전에는 〈느낌〉과 〈경험〉으로 성공과 실패를 거듭하며 만들어낸 맥주와 술, 간장이 단세포의 움직임에 의해 만들어진다는 것도 19세기와 20세기에 걸쳐 알아낸 사실이다.

카메라나 시계 같은 제품을 만들어내는 정밀 기계 기술이 생물 과학의 진보에 공헌한 것이다. 이러한 공헌 없이는 생물 과학의 발전은 불가능했을 것이다.

역으로 생물 과학이 먼저 발전하고 나서 이에 맞는 기계 기술이 따라가는 경우도 많다.

　최근 사람의 신체를 모델로 한 매우 다양한 로봇에서 볼 수 있는 것처럼, 사람의 손이나 말의 움직임을 모델로 그러한 기능들을 기계화하는 연구가 진행중에 있다. 2차대전중에 군인들이 무기로 사용할 독가스를 옻칠[漆塗]을 한 기구에 담아 가지고 다녔다고 한다. 당시에는 옻보다 효과가 우수한 합성 화학合成化學이 발달되지 않았고, 부식에 강한 가스에 견딜 수 있는 플라스틱도 그때까지 개발되지 않았다. 그와 같은 예는 이 밖에도 얼마든지 있다.

　현재 이 분야에서 중요한 과제로 떠오른 것이 인공 두뇌인데, 이 인공 두뇌는 일렉트로닉스 분야만의 과제는 아니다.

　〈정보 용량〉에 관한 인간과 일렉트로닉스와의 능력을 비교한 것이 (표 4-3)이다.

　현재 진전되고 있는 속도로 일렉트로닉스가 진보를 거듭하면, 어느 시점에서 인간 수준의 정보량을 보유할 수 있는 능력에 도달하는가를 NASA의 학술 논문에서 인용한 것이다.

　이 표를 보면 인공 두뇌가 인간 두뇌와 어깨를 나란히 할 수 있는 능력을 갖는 것은 40여 년 이후가 되리라는 사실을 알 수 있다. 이러한 예측은 어디까지나 현재의 상태로 일렉트로닉스가 진보한다는 것을 가정했을 경우이다.

　그러나 흥미로운 것은 가령 서기 2050년이 되어 일렉트로닉스가 인간 수준의 두뇌를 갖게 된다고 해도 〈살아 있는 생물〉이 가질 수 있는 자기 번식 능력은 갖지 못할 것이라는 사실이다.

(표 4-3) 기계의 논리 능력과 진보

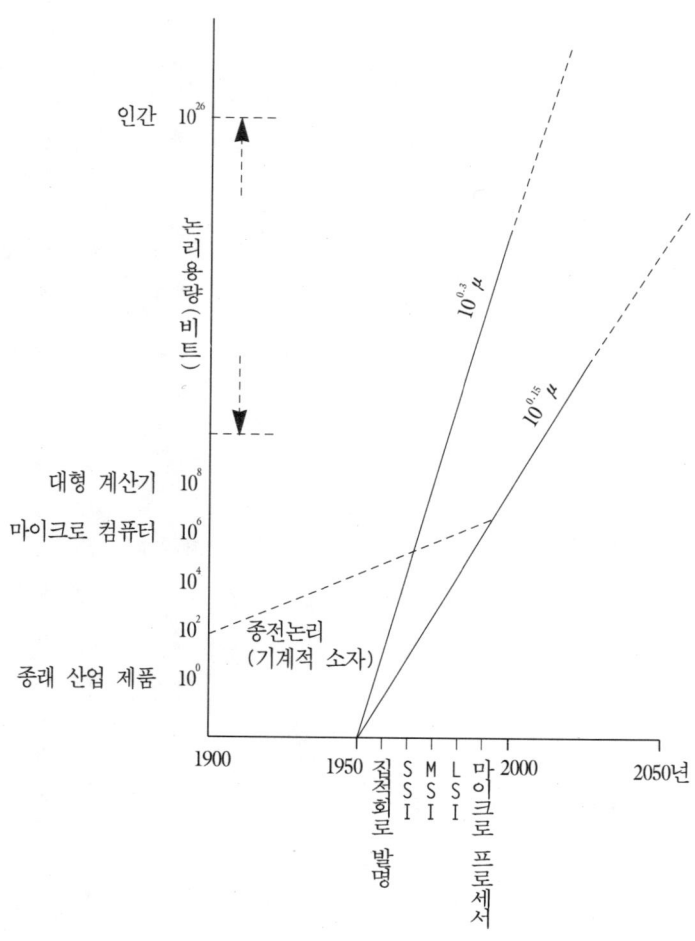

자료 : 1988, NASA 학술 논문

품종 개량 비즈니스

바이오 테크놀러지가 현재 각광받고 있고 앞으로도 더욱 다양한 기술이 실현될 전망이다.

우리나라의 농업 실태와 다른 나라의 광산업 혹은 농업 생산지수를 비교해보면, 우리나라의 산업이 균형이 잡혀 있다고만은 볼 수 없는 면이 있다. 그 이유는 이 분야의 전문가가 연구할 과제이므로 여기서는 논외로 하자.

바이오 테크놀러지와 관계 깊은 농업의 경우 우리나라가 세계 주요 농업 생산국과 비교해서 생산성이 높은 편은 아니다. 이때, 농업과 공업의 불균형 문제를 생각해볼 여지가 있다.

역사적으로 고찰해볼 때 우리나라는 과거에는 우수한 농업 기술을 가지고 있었다. 반면 역사가 길지 않은 농업국인 미국은 뛰어난 신품종 개량 기술로 인해 농업의 생산성을 높였다.

농업 비즈니스의 가장 큰 난점은 신품종을 개량하는 데 걸리는 시간이 10년 정도라는 점이다. 현대의 바이오 테크놀러지는 이러한 난점을 극복할 수 있는 기술이다. 그리하여 곡물이나 원예 작물, 효소를 응용한 미생물에 이르기까지 폭넓은 품종 개량과 신품종 개발을 이룰 수 있는 시대이다.

오늘날 농업 대국인 미국도 1945년 이전까지만 해도 보리 이외에는 외국에 수출할 만한 곡물이 없었다. 그러나 그 후 미국은 품

종 개량과 신품종 개발을 통해 오늘날의 농업대국으로 성장하였
다.

신품종 개발에 최저 10년 이상의 시간이 걸리는 것은 품종 개
량이 가지고 있는 숙명이다. 이러한 숙명적 과제를 해결해줄 수
있는 것이 바로 바이오 테크놀러지의 활용이다.

먼저 씨앗을 뿌리고 수확을 하기까지의 기간을 단축할 수 있는
방법을 찾아낸다. 우리나라의 한 회사는 브라질에서 시험 농장을
운영하고 있다. 이 연구의 의도는 브라질은 남반구에 위치하고 있
으므로, 북반구에 위치하고 있는 한국과 양쪽에서 재배하게 되면
1년에 2번 수확할 수 있다는 발상에서 기인한 것이다. 즉, 북반구
지역에서 교배한 것을 다음 해까지 기다린 후 교배하는 것이 아니
고, 남반구에 가서 곧바로 재배하게 되면 그 해에 교배할 수 있으
므로 기간이 반으로 단축된다.

바이오 테크놀러지의 과제

바이오 테크놀러지의 영원한 과제는 무엇인가. 그것은 〈불노불
사〉일지도 모른다. 최근에 와서 한국인의 평균 수명은 의료 기술
의 진보로 신장을 거듭했다. 이러한 상태로 계속 신장되면 인간의
수명은 얼마나 지속될까라는 소박한 질문에서 출발한 것이 바로
생명곡선에 관한 연구이다.(표 4-4)

인간의 수명은 늘어날 수 있겠지만 생물인 이상 죽음을 면하기

(표 4-4) 생명선

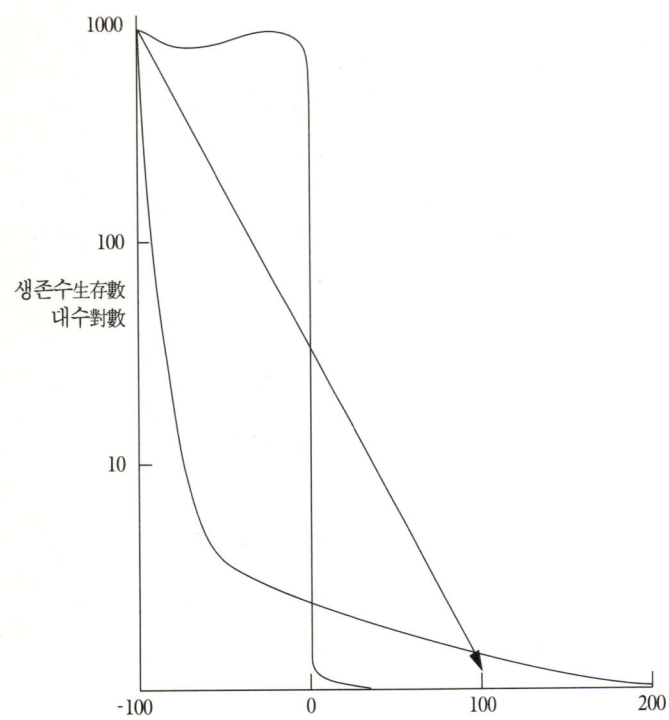

주 : 일군一群의 동종개체同種個體의 출산 후 시간 경과에 따라 사망과 감소를 기재한 표 인구학 분야에서 발달. R. Pearl에 의해 1920년대 동물 개체군의 연구에 도입되었다.
생존곡선(Zx-curve)의 형태는 동일한 종鍾일지라도 조건에 따라 다르며, 생물군의 특징을 반영한다. R. pearl & J. R. Miner(1935), E. S. Deevy(1947)는 이것을 3개의 유형으로 대별했다.(표참조)
친親에 의한 자子의 보호가 진화함에 따라 생존곡선이 C형에서 A형으로 이행하는 것을 지적하고 있다.

자료 : 영국, 브리태니커 의학사전

는 어렵다. 그러나 인터페론이 실용화되고 메디컬 일렉트로닉스가 발달되면, 수명을 연장시켜 장수할 수 있다.

그러나 최근 식물 인간인 상태로 살아가는 것에 대한 다양한 시각이 나타났다. 그렇게 해서까지 오래 살 필요가 있느냐는 시각도 그중의 하나이다.

궁극적으로 무엇이 올바른 것인가, 또는 무엇이 이상형에 근접하는가에 대한 질문에 진부한 대답일지도 모르지만, 수명이 있는 한 열심히 움직이고 생활하다 수명이 다하면 조용히 눈을 감는 것이 최선일 것이다.

도표는 이러한 인간의 기본적인 생활을 영위하는 과정을 간결하게 나타나고 있다. 곤충을 실험 대상으로 삼아 만든 통계는 인간에게도 해당될 수 있다.

사회가 진보함에 따라 곡선이 C에서 B로, B에서 A로 이동하여 평균 수명의 패턴이 변화하고 있다. 즉, 곡선의 좌축이 태어났을 때이며 우축이 가장 장수한 사람으로, 연령 분포를 고려 대상으로 하면 이상적인 것은 A곡선이다. 젊었을 때 목숨을 잃지 않고 주어진 평균 수명을 다하고 죽어가는 것이 가장 이상적이라고 할 수 있다.

이에 비해 C는 개발도상국에서 나타나는 패턴으로, 태어나서 오래 살지 못하고 금방 죽는 사람의 비율이 많음을 나타내고 있다.

상식을 기본으로 하라

지금까지 설명한 바이오 테크놀러지가 앞으로 우리 사회 전체에서 어떠한 위치를 차지할 것인가에 대해 결론부터 말하자면, 물리적 기술과 생물적 기술을 비교할 때 생물적 기술의 비중이 높다는 것이다.

이를테면 농업의 생산성도 기술 개발에 의해 향상될 수 있으며, 평균 수명도 훨씬 이상적인 패턴으로 변화될 것이다. 공공 투자에서도 바이오 테크놀러지 관련 분야가 늘어날 것으로 예상된다. 부문별로 볼 때 도로, 철도, 항공, 전기, 통신을 물리적 기술로 분류하고 환경 위생, 후생 복지, 국토 보전, 농장 어업을 생물적 기술이 근거가 되는 부문으로 볼 때, 지금까지는 물리적 기술 시대였으므로 전자의 비중이 높았다. 그러나 앞으로는 후자의 비중도 높아질 것으로 예상된다. 그 이유는 앞으로 전개되는 상황은 바이오 테크놀러지를 받아들일 조건이 갖추어지기 때문이다.

일렉트로닉스는 21세기 삶의 질의 향상에 공헌하는 성격을 띠고 있다. 예를 들어 21세기에는 통신, 교통, 정보 처리 등이 급속히 이루어져, 사무 자동화를 비롯하여 산업을 높은 수준으로 끌어올리는 데 적극적인 역할을 할 것이다.

이러한 기술의 연장선상은 근육을 움직이는 단순 작업은 점점 줄어들고, 두뇌를 사용하는 제3차 산업의 증가를 점칠 수 있다.

제5장
메카트로닉스 사업 부문

메카트로닉스

일렉트로닉스 기술의 진보는 매우 빠른 속도로 진행되고 있다. 1959년에 반도체 IC가 개발된 지 10년 만인 1969년에 초LSI가 개발되었다. 일렉트로닉스 기술 개발과 함께 전자계산기는 소형화 고성능화되었다. 마이컴의 소형화 고성능화로 마이컴이 기계 부품을 대신하거나, 마이컴과 기계의 결합으로 새로운 고성능화 상품을 만들어냈다. 메카트로닉스는 이처럼 메카닉스(기계공학)와 일렉트로닉스(전자공학)를 통합시켰다.

메카트로닉스의 발전과 요인

메카트로닉스의 발전 요인은 첫째, 일렉트로닉스를 중심으로 하는 어드밴스 테크놀러지의 진보이다. 어드밴스 테크놀러지란 현재 가지고 있는 기술 노선을 극한까지 개량하는 것을 의미하는 것으로서, 이에 대한 연구 개발은 세계 각국에서 정부와 학회 및 산업계가 일체가 되어 경쟁하고 있다.

둘째, 현재의 성숙화 시대를 맞이하여 기업이 기술 진보에 의존하지 않고서는 더 이상 기업 존속 및 발전이 어려운 기업 경영 환경에 놓여 있다. 우수한 역량으로 기술 혁신을 이루어 그 분야에서 탁월한 기술 혁신 능력을 발할 수 있는 기업만이 성장할 수 있다.

셋째, 부품의 혁신적인 코스트 다운이다. 지금까지는 제어, 센서, 정보 처리 메모리와 같은 일렉트로닉스 기기가 고가에 속했다. 그러나 LSI 기술의 비약적 진보로 가격이 낮아졌으며, 일렉트로닉스 기기의 소형화로 기계에 부착 또는 내장시킬 수도 있게 되었다.

이상이 메카트로닉스를 크게 발전시킬 수 있었던 요인들이다.

메카트로닉스의 발전이 현실적으로 어떠한 형태로 전개되는가는 (표 5-1)에 나타나 있다. LSI와 초 LSI를 토대로 마이컴이 생기고, 그 응용 분야로서 산업용 로봇, 일반 가정용 기기, 교육・오락용 기기, 집중 컨트롤 시스템, 사무실 자동화 기기, 정보 통신 시스템의 발전으로 이어지고 있다. 이외에도 의료 분야의 응용도 진행되고 있다.

메카트로닉스 제품 개발에서 중요한 문제는 소프트웨어이다. 메카트로닉스의 진보는 진공관 시대로부터 시작하여 트랜지스터 시대로 옮겨왔고 다음은 IC로 이동했으며, 계속해서 LSI, 원칩 마이컴 개발이 이루어졌다. 이러한 일련의 메카트로닉스 기술 발전은 자본재・내구 소비재 산업 발전으로 이어졌다.

공업용 분야의 NC 공장 기계도 처음에는 진공관이 사용되었으

(표 5-1) 메카트로닉스의 흐름

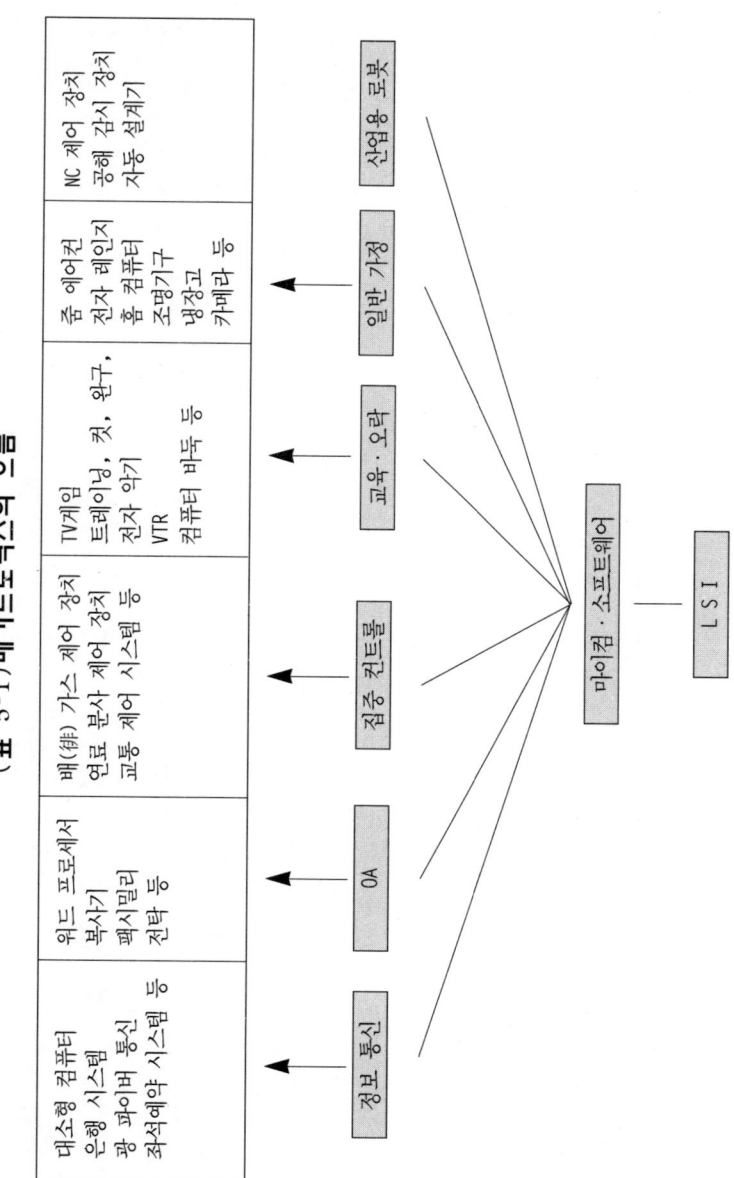

정보 통신	OA	집중 컨트롤	교육·오락	일반 가정	산업용 로봇
대소형 컴퓨터 은행 시스템 광 파이버 통신 좌석예약 시스템 등	워드 프로세서 복사기 패시밀리 전탁 등	배(俳) 가스 제어 장치 연료 분사 제어 장치 교통 제어 시스템 등	TV게임 트레이닝, 컷, 완구, 전자 악기 VTR 컴퓨터 바둑 등	룸 에어컨 전자 레인지 홈 컴퓨터 조명기구 냉장고 카메라 등	NC 제어 장치 공해 감시 장치 자동 설계기

마이컴·소프트웨어

L S I

나 트랜지스터를 거쳐 3세대에 들어와서 IC로 변했다. 그리고 최근에 마이컴이 내장된 NC 공작 기계가 탄생된 것처럼, 다른 메커니즘 기계도 비슷한 단계로 발전해왔다.

이처럼 다양한 분야에 진입한 메카트로닉스를 분류해보면 첫째, NC 공작 기계나 산업용 로봇과 같은 고도의 메커니즘 제품에 일렉트로닉스를 응용하였고, 고도의 제어 기능이 부가되어 고성능화·다기능화·기계 장치화되었다.

둘째, 음성으로 정보를 주는 마이컴 제어 미싱이 대표하는 것처럼, 종래 메커니즘으로 구성되어 있던 제어 기구를 일렉트로닉스로 전환한 것이다.

셋째, 디지털 시계와 전자 계산기, 푸쉬폰 등 지금까지 중요한 기능으로 정보를 다루어왔던 메커니즘이 일렉트로닉스에 의해 바뀐 것이다.

넷째, 전자 레지스터나 복사기처럼 지금까지 일렉트로닉스 주도형이던 기기들이 메커니즘과 일렉트로닉스의 유기적 결합을 이룬 것이다. 이외에도 타이프라이터, 마이컴 내장 룸 에어컨, 마이컴 내장 세탁기 등이 있다.

이처럼 메카트로닉스는 네 분야로 분류할 수 있다.

산업용 로봇의 실태

구체적인 상품으로는 최근에 가장 주목을 받고 있고, 메카트로닉스의 상징으로 여겨지고 있을 정도로 각광을 받고 있는 산업용 로봇을 들 수 있다.

로봇을 정보 입력에 따라 분류해보면 첫째, 사람이 조작해서 움직이는 매뉴얼 머니퓰레이터이다. 머니퓰레이터는 인간의 손과 발의 기능과 유사한 기능을 갖는데 회전과 굴신屈伸, 상하 또는 좌우 동작 기능을 2가지 이상 포함하며, 물체를 파악하거나 보존할 수 있는 기능이 가능하고 공간적 이동이 가능하다.

둘째, 설정된 순서나 조건, 위치에 따라 동작하는 머니퓰레이터로서 시퀀스 로봇이 있다. 시퀀스 로봇은 설정 정보의 변경이 가능한가, 불가능한가에 따라 고정 시퀀스 로봇과 가변 시퀀스 로봇으로 분류된다.

셋째, 플레이백 로봇이다. 작업 순서를 사람이 가르쳐주면 그 작업 순서에 따라 위치 또는 정보를 기억해서 머니퓰레이터가 이에 따라 재생해내는 것으로, 반복 작업이 가능하다. 플레이백 로봇 다음은 수치 제어數値制御 로봇이다. 작업 순서, 작업 위치 등의 정보가 든 카드[穿孔 TAPE]를 입력해주면 수치 정보에 따라 지정된 작업을 행하는 머니퓰레이터이다.

그밖에 각종 센서를 이용한 감각 기능과 인식 기능을 겸비한 지능 로봇이 있다.

시퀀스 타입의 로봇은 1960년대 미국에서 개발된 것이 최초이다. 플레이백 로봇은 미국의 유니메이션사가 〈유니메이트〉라는 이름으로 탄생시켰고, AMF사가 〈서플라이〉라는 이름으로 탄생시켰다. 참고로 산업용 로봇의 개발 상황을 보면 (표 5-2)와 같다.

도표에서는 미국의 IBM사와 GM사 등의 개발 이외도 세계 각

(표 5-2) 산업용 로봇 개발 현황

기 관	내 용
미국	
IBM 본사	
GM 사	1981년 시점에서 1400대 보유
	1990년까지 14,000대 증강
MIT 공과대학	조립용 로봇 연구
(CSD 연구소, 인공지능 연구소)	로봇의 정도 부족精度不足을 채우기 위한
	어태치먼트attachment 개발
미국 공군을 중심으로 한 기업 그룹	로봇 셀 개발
웨스팅 하우스사	로봇 프로그래밍 및 언어 개발
	로봇에 의한 모터 조립 연구
신시너티 미라클론사	센서 개발
기타 대규모의 대학 연구소에서	시각 연구
연구가 진행중	
NASA	우주 개발용 로봇 연구
미국 국방성	군용 로봇 연구(특히 군인 로봇)
영국	
노팅검 대학	시각, 청각 센서 개발
에러 대학	FMS 연구
버밍검 대학	철조용鐵遭用 로봇 연구
프랑스	
질 대학	프랑스는 국가 주도형이 특징
파리 대학	로봇 언어 연구, 제어 연구
루노사	패턴 인식 연구, 센서 연구
	도장塗裝 로봇 개발, 용접 로봇 개발

독일	
독일 국가 프로젝트 베를린 대학 아헨 대학	} 작업 조건의 인간화 프로젝트 로봇 주변 기기 연구, 센서 개발
이탈리아	
로마 대학 밀라노 대학 트리노 공과대학 올리베티 사 피아트 사	} 패턴 인식 개발 로봇 언어 개발 } 코머로봇, 언어 표준화
스웨덴	
국립 생산 기술	위험 작업 로봇 개발
핀랜드	
통산성	센서 연구 적응 제어 연구 수집 벌채용 로봇 개발 용접 로봇 개발
스위스	
로잔느 공과대학	소형 정밀 기계 조립 로봇 개발

자료 : 1987.

국의 주요 대학 연구소나 군이 그 핵을 이루고 있다. 미군이 개발하고 있는 군용 로봇은 군의 기밀이라는 특성상 상세한 것은 밝혀지지 않고 있다. 영국에서는 철조, 철근용 로봇 연구가 이루어지고 있고, 이와 관련된 시각·촉각 센서 개발이 진행되고 있는 것으로 나타나 있다.

프랑스 산업용 로봇의 특징 중 하나는 개발이 국가 주도형으로 이루어지는 점이다. 그 성과는 얼마 전에 〈군용 로봇의 실전장 또는 실험장〉으로 세계 로봇 연구가들로부터 주목을 받았던 아르헨티나 전쟁에서 평가를 받았다.

국가가 중심이 되어 프로젝트를 추진하고 있는 경우는 독일도 마찬가지이다. 독일은 로봇 도입시 작업 조건과 문제점 등 소프트웨어적인 면의 연구가 중심을 이룬다.

이탈리아에서는 로봇 언어를 중심으로 개발이 진행되고 있다. 스웨덴도 국가 주도형이며, 악성 환경에서 작업하는 로봇 개발이 중심이 되고 있다. 핀란드는 산림 왕국이라는 특성상 수목 벌채용 로봇 개발이 발달하였다.

이처럼 로봇 개발에는 어떤 면에서 그 나라의 특성이 반영되기도 한다. 그러나 공통점은 중노동 또는 열악한 환경 조건에 사용되는 로봇 개발이 주류를 이룬다는 점이다.

우리 기업도 우리 특성에 맞는 로봇 개발 또는 세계 시장을 겨냥한 소프트웨어의 개발이 절실하게 필요하다. 생산성을 높이는 로봇이나 코스트 다운을 위한 로봇 개발에 국한되어서는 안 된다.

세계적 로봇 생산이 확대일로에 들어선 것은 오일 쇼크 이후이다. 1973년 오일 쇼크를 계기로 급격한 경제 성장률 저하와 인건

비 및 물가 상승을 극복하고 생산성을 향상시키기 위해 절약형 또는 자율화에 대한 투자 의욕이 높아지기 시작했다. 이러한 사회적 요청으로, 특히 1976년 이후 로봇 생산이 확대되기 시작했다.

당시에는 시퀀스 로봇이 중심을 이루었으나 보급 대수나 생산액이 높지는 않았다. 그러나 1980년부터 상황이 변화하기 시작했다. 전세계적인 산업용 로봇의 보급 현황을 보면 자동차, 전기 기계, 합성 수지 가공업, 금속 가공 등 네 종류의 업종에 진출했으며, 정밀도가 높은 플레이백 로봇은 지능 로봇, 용접 로봇과 도장塗裝 로봇은 자동차 업계나 가전 상품 업계에 대거 진출했다.

앞으로 산업용 로봇은 자동차 업계나 전기 기계 분야에 활발히 진출하여 복잡한 조립이나 검사, 측정 등에 이용되고, 그 밖에도 제조업 일반에 더욱 확산될 것이다. 특히 의료 분야에의 진출이 기대되며 그 대표적인 것이 간호용 로봇이다.

서비스업에서의 로봇 이용 또한 활성화될 전망이다. 현단계에서는 중소기업의 로봇 도입은 많지 않지만, 중소기업에 대한 리스 제도의 활성화나 중소기업 융자와 같은 저이자 융자 제도와 각종 보조조치가 이루어지면, 우리나라의 중소기업의 산업용 로봇 수요 보급이 촉진될 수 있다.

미국과 일본의 산업용 로봇 비교

산업용 로봇을 둘러싼 미국과 일본 양국의 격전은 치열하다.

기초 기술과 응용 기술, 환경 세 측면에서 조명해본다.

먼저 기초 기술을 컴퓨터 기술, 반도체 기술, 기계 기술, 소재 기술 등의 분야로 분류 비교해보자.

컴퓨터 기술은 미국이 우위를 차지하고 있다. 일본의 소프트웨어는 미국에 열세이다. 반도체 기술은 미국이나 EC에 비해 일본이 우위에 있다. 로봇 기초 기술을 비교하는 요소로 시계, 소재, 센서 등에서의 각축전은 치열하다.

최근 이러한 분야에 쏠리고 있는 비상한 관심에 비하여 최신 정보의 입수는 점점 어려워지는 상황이다. 예전 같으면 돈을 주면 정보를 사올 수 있거나 비교적 간단히 입수할 수 있던 정보도 1982년에 들어서서부터는 입수가 특히 어려워졌다.

우리나라 연구원이 미국이나 EC에 가서 조사하려 해도 〈줄 정보가 없으면 얻을 수 있는 정보도 없는 상황〉으로 바뀌었기 때문에, 비교적 간단한 정보도 일체 주려고 하지 않는다. 얻고 싶은 정보가 있어도 정보를 주지 못하면, 정보를 기대할 수 없는 시대 상황이 된 것이다.

이러한 상황은 점점 〈끼리끼리식〉으로 전개되어, 기술을 갖고 싶으면 자기도 기술이 있어야 하는 상황이 되었다. 아무것도 줄 것이 없으면 친구로 받아들여주지 않는다. 기술 전쟁이 심한 환경에서 정보를 하나의 무기로 생각하는 것이다.

응용 기술 측면을 비교해보자면 일본은 공장에서 이용하는 산업용 로봇 부분에서 우위에 있으며, 원자력용 항공 우주 산업 로봇 분야 등은 미국이 월등히 선두를 지켜나가고 있다. 기타 사무 실용, 가정용 등에서는 각축전이 전개되고 있다.

환경적인 면과 함께 보유 대수나 기업의 도입 의욕이라는 점에
서 일본이 앞서 있는 것은, 기업의 도입 의욕과 함께 노동 조합의
로봇 도입에 대한 이해가 높기 때문이다. 이 점은 로봇이라는 단
어가 금구禁句가 된 영국과 대조적이다. 영국뿐 아니라 독일도 비
슷한 상황이다. 〈마이스터〉제도가 뿌리 깊게 남아 있는 독일은
로봇 도입을 바람직하게 평가하지 않는다.

앞으로 산업용 로봇의 신장률은 높아질 것으로 예상되며, 특히
높은 신장이 예상되는 지능 로봇은 부가 가치가 높은 상품으로 유
망시된다.

로봇은 기본적으로는 종합 산업이라는 색채가 강하다. 첫째, 컴
퓨터 또는 메커니컬한 모터, 기타 기계 소재 등의 각종 기술이 집
약되어 하나의 로봇이 완성된다. 지능 로봇이 발전하게 되면 시각
이나 청각 기능을 보유한 센서의 필요성이 대두된다.

이렇게 되면 종합적인 일렉트로닉스가 필요하다. 화제가 된
FMS(flexible manufacturing system)의 공간 자동화와 생산 무인화
시스템이 등장한 이후, 기초 과정인 컴퓨터에 의한 설계 제조인
CAD / CAM 등의 발달도 기대를 모으고 있다.

사무 자동화OA를 중심으로 하는 통신 네트워크의 급속한 발달
과 이러한 사회 전체의 기술 혁신, 미래의 로봇 개발은 급속히 진
전될 것이다. 그런데 이처럼 대규모 사업을 어느 한 기업이 담당
할 수 있는가 하는 문제가 제기된다.

EC에서 로봇 시장에 참여하는 기업은 거의 대기업이며, 로봇
개발이 국가적인 차원의 프로젝트로 진행되는 것은 개발 자금이
많이 들고 폭넓은 기술력이 동원되어야 하므로, 기업에서 단독으

로 감당하기에는 문제가 많기 때문이다.

로봇 도입의 문제점

　우리나라 기업의 경우 이러한 문제점을 어떻게 해결해나갈 것
인가 하는 점은 많은 기업인들의 최대 관심사이다.

　그러나 우리 기업은 여러 면에서 지능 로봇 개발에 유리한 면
을 가지고 있다. 우리 기업들은 여러 위성 기업을 가지고 있는 기
업들이 많다. 또 위성 기업들의 주변에는 협력 기업이 있다. 이러
한 관계 속에서 대기업은 항상 위성 기업에 대해 코스트 다운을
요구한다. 이에 대응하기 위해 먼저 협력 기업이 고려할 수 있는
것은, 로봇을 도입하여 생산성을 향상시키거나 절약화를 추진해
서 코스트 다운을 이루는 방안이다.

　이러한 움직임이 대기업으로부터 중소기업에 이르기까지 파급
되어 서서히 확산되고 있다. 위성 기업들은 기술적으로 코스트 다
운을 이룰 수 있는 토양을 갖고 있다는 특성이 있다. 따라서 이러
한 토대는 로봇 산업이 발전할 수 있는 토양으로 연결될 수 있다.

　로봇은 열악한 환경에서 사용하기 위해 도입되었으며 앞으로도
로봇의 이용은 늘어날 것이다. 이러한 상황에 대해 현장 노동자의
저항은 적은 편이다. 노동 조합은 로봇 도입에 의해 일자리가 없
어진다고 인식하기보다 인간성 부활이라는 측면에서 이해한다.

　생산성을 향상시키기 위한 코스트 다운으로 가장 피해를 받는

측은 숙련공들이다. 따라서 인원의 효율적인 수급 조절이 문제로
등장한다. 물론 로봇에게 불평불만이 있을 리 없고 24시간 내내라
도 묵묵히 충실하게 일한다는 점은 사용자측에서 볼 때 유리한 특
성이다.

그러나 로봇에게 직장을 빼앗기는 상황이 생기고 실업률이 높
아진다면, 그렇게 얻어지는 생산성은 문제가 있을 수 있다. 그러
므로 실업 문제와 노동 의욕을 상실하지 않는 범위 내에서 로봇을
도입하는 것이 과제이다.

구체적인 로봇의 사용 내용을 살펴보면 첫째, 열악한 환경에서
사용되는 로봇이다. 이를테면 철근을 들어올리는 로봇, 높은 탑에
서 일하는 로봇, 원자로 로봇, 화재 구조 로봇, 폭발물 처리 로봇,
탄광용 로봇 등이 그 예이다.

둘째, 장시간에 걸친 단순 작업으로 노동을 대신 해주는 로봇
이다. 이를테면 양털 깎는 로봇은 오스트레일리아에서 개발되었
다. 이외에도 제2의 범주에 속하는 로봇으로 간호용 로봇을 들 수
있다. 거동이 부자유스러운 노인을 위해 목욕, 세안, 투약 등을 행
하는 로봇이 그것이다.

셋째, 지능 로봇이다. 지능 로봇의 기능을 향후 어떻게 부각시
켜나갈 것인가가 큰 과제이다. 걸어다니는 동작을 하는 로봇을 만
든다고 할 때 인간과 똑같이 걷게 하기 위해서는 수많은 문제가
산적해 있다. 지금까지의 산업용 로봇은 컴퓨터 지식이나 종래의
기계 기술을 결집시킨 것이었다. 그러나 앞으로의 로봇 기술의 발
달은 반대로 컴퓨터를 시작으로 기타 다른 기술에 영향을 주게 될
것이다.

예를 들면 지능 로봇에 필요한 각종 센서, 자립 작업 로봇에 필요한 에너지 시스템이 그것이다. 또한 이동 기구 등은 기존의 기계들에 커다란 영향을 미치게 된다.

CAD/CAM

FMS에서 산업용 로봇과 함께 중요한 기술이 CAD / CAM이다.

CAD / CAM의 도입에 의한 성과는 첫째로 생산성을 향상시켰다는 점이다. 경우에 따라서는 수작업에 비해 몇 십 배로 생산성을 향상시킨 사례도 있다. 둘째는 정도精度가 높아진다는 점, 셋째는 설계 시간을 단축시켜 제품을 시장으로 내보내기까지의 시간이 단축되며, 넷째는 컴퓨터의 데이터가 파일되므로 고객의 문의에 곧 응답할 수 있다는 점이다.

CAD / CAM은 처음에 미국의 항공 우주NASA 관계 사업에서 사용되었다. 당시에는 예컨대 양복점의 재단용 도면에서처럼 평면 2차원이었던 것이, 점차 한 축을 중심으로 회전시킴으로써 입체화되면서 3차원으로 변화되었다.

3차원 설계는 특히 LSI의 기반을 만들 때 반드시 필요하다. 그러한 의미에서 CAD / CAM에 의한 설계의 가능으로 기계 공업, 일렉트로닉스 산업에서 폭넓은 인기를 얻게 되었다.

미국의 증권 회사 메릴렌린치사가 실시한 CAD / CAM에 관한 예측에 의하면, CAD / CAM 시장은 급성장할 것으로 내다보고 있다. 그러나 CAD / CAM은 어느 정도 전문 지식이 없으면 사용할 수 없다.

시스템 구성에 의해 데이터가 판매되고 있지만 코스트 면에서 여전히 비싼 편이다. 이 때문에 지금까지도 CAD / CAM을 도입하는 기업이 한정되어 있는 실정이다. 더구나 CAD / CAM을 도입했다고 해도 CAM은 도입하지 않은 기업도 있다. 일반적으로 CAD는 널리 보급되어 작도作圖가 주목을 받고 있었다.

CAD / CAM을 일관되게 사용해온 회사는 미국의 록키드사와 더글러스사 정도였다. 장래에 CAD / CAM 시장이 급속히 신장되리라는 예측을 뒷받침해주는 배경은 첫째, 기술 혁신의 템포가 빠르다는 것이다. 그리고 일반 소프트웨어가 개발됨에 따라 사용 방법이 간편화되고 가격도 내려감으로써, 중견기업의 CAD / CAM의 도입이 증가된다고 전제할 때 메릴렌린치사의 예측은 설득력이 있다.

이러한 환경 속에서 미래 발전의 열쇠라고 할 수 있는 것은 구차원의 금형이나 기계 부품 등에 관한 CAD / CAM이다. 구차원 CAD / CAM은 세계 각국이 개발에 박차를 가하고 있는 부분이다. CAD / CAM은 생산 공장에서 수뇌 역할을 담당하며, 일을 계속 얻을 수 있을지의 여부에 대한 포인트가 되므로 장래 발전 계획에서 중요할 것이다.

OA의 제2단계 LAN

공장의 생산성은 계속 높아지고 있고, 최근 제조 공장에 종사하는 인원은 계속 감소되는 추세이다. 반대로 각 공장에서는 FA와 메카트로닉스화가 계속 진행되고 있다. 사무실에서의 생산성 향상을 위한 OA도 발전을 거듭하고 있다.

최근의 일렉트로닉스의 발달은 사무 자동화를 가속화시키고 있다. 일반적으로 사무 자동화는 현대의 사무 기기와 팩시밀리, 사무용 컴퓨터, 워드 프로세서 등을 의미한다.

사무 부문 작업에서는 문서 작성, 복사와 인쇄, 정보 전달, 정보의 보존 및 검색으로 분류되어 각각의 분야에서 OA 기기를 갖추어 작업 능률을 향상시키는 것이 사무 자동화의 본래 목적이다.

보통 기업에서는 OA를 추진할 때 팩시밀리와 워드 프로세서 등을 각각 따로따로 들여오는 경우가 많다. 제2단계로 필요한 것이 각각의 단품을 결합 또는 통합하는 것이다.

각 기능과 기기를 유기적으로 결합하는 LAN(local area network)과 INS(고도의 정보 통신 시스템)이다.

OA 기기의 발전상을 살펴보면 PPC(보통지 복사기)와 팩시밀리, 사무용 컴퓨터는 지금까지 생산량이 현저히 증가하는 추세였다. 또한 LAN을 구성하는 전자 교환기의 보급도 늘어가는 추세이다.

(표 5-3) 해외의 상용 로컬 네트워크 사례

네트워크	메이커	전송 매체	전송 속도 (메가·비트/초)	구조
Ethenet	Xerox	동추 케이블 同抽	10	바스
Z-Net	Zilog	〃	0.8	〃
Net/One	Ungermann-Bass	〃	4	〃
HYPER channel	Network Systems	〃	50	〃
Local	NetSytek	〃	2.5	〃
ARC	Datapoint	〃	2.5	〃
LCN	Control Data	〃	8	〃
Prime NET	Prime Computer	〃	8	링
Omnilink	Norther Telecom	〃	8	〃
N6770	NEC	광케이블	32	〃
WANG Net	WANG CABORATORIES	동추 케이블	12	바스

현재 단품單品 또는 단체單體급 기기로 도입되는 OA 기기가 LAN의 통신망과의 통합화가 이루어지면, 지역별 통신 회선의 가격차가 시정될 수 있을 것이다.

미국의 경우 이미 미국 전역이 몇 구역으로 나누어져 각 지역의 요금이 통일되었다. 이처럼 가격 문제, 회선 개방 문제, 네트워크 시스템 문제가 해결됨으로써 LAN 시스템은 확립된다.

OA의 장점은 OA 기기를 사무실 실정에 맞추어 도입할 수 있다는 점이다. 반면, 문제가 되는 것 중의 하나로 다양한 기업이 각종 OA 기기를 판매함으로써 각각의 제품이 타사의 제품과 쉽게 연결되지 않는다는 점이다.

이러한 불편은 작업에 지장을 초래했다. 이같은 사정을 고려해 미국의 IEE(미국 전자전기 기술협회)와 ISO(국제 표준화 기구)가 중심이 되어 세계적 LAN의 통일화를 기하게 되었다. 이 표준화 문제는 앞으로 LAN을 도입하는 데 가장 중요한 요소로 작용하게 될 것이다.

상품으로서의 메카트로닉스

지금까지 서술된 메카트로닉스 외에 기타 메카트로닉스의 범주에 들어가는 제품이 있다.

첫째로는 마이컴 FF식 석유 온풍 난방기와 마이컴 전자 렌지와 같은 가전 관련 제품이다.

둘째는 ECR(전자 레지스터, 마이컴식 타이프라이터)과 같은 마이컴이 들어 있는 사무 기기이다.

셋째는 초음파 진단 장치와 X선 단층 촬영斷層撮影에 사용되는 의료기기이다.

최근에 마이컴이 내장되어 있는 상품이 대량으로 출하되고 있다. 그 대표적인 것이 마이컴 FF식 석유 온풍 난방기로, FF식 히터 시장에 마이컴이 내장된 메카트로닉스 제품이 가장 많다. 마이컴 전자 렌지 역시 메카트로닉스 제품이 가장 많다. 에어컨도 마이컴이 내장된 제품이 대부분이다.

미싱 분야는 아직 전자 미싱이 주류를 이루고 있다. 마이컴형 미싱의 단가가 높기 때문이다. 코스트 다운이 진행되면 이 시장도 확실히 확대될 전망이다. 이외에도 마이컴 세탁기가 있다.

사무 기기 관련 부분에서는 ECR과 마이컴이 내장된 PPC의 시장 규모가 확대되고 있다. 그리고 마이컴식 타이프라이터가 있다.

산업 기계 중 NC 공작 기계는 모두 메카트로닉스 제품이다. 또한 NC 방전 가공기紡電加工機는 NC의 비율이 높다. 프로세스 컨트롤 사출 성형기도 메카트로닉스화가 진행되고 있다.

ME기기 분야는 초음파 진단 장치의 보급과 수요가 활발하다. 그러나 X선 진단 촬영 장치는 시장이 성숙되어가고 있는 중이다.

지금까지 언급된 메카트로닉스 제품이 어떠한 특징을 갖고 개발될 것인지 살펴보기로 한다.

우선 가전 제품 부문에서는 마이컴 전자 렌지에 음성이 들어가고 마이컴 미싱도 음성을 낼 수 있게 된다. 마이컴 미싱은 마이컴 미싱 자체가 시장에 나온 지 오래되지 않았으므로 앞으로 기대되는 상품이기도 하다. 마이컴 세탁기는 이용자가 주부이므로 복잡 다양한 기능만을 추구하는 것이 최선은 아니고, 부가 기능과 필요한 기능을 분류해서 가격과 연결시키는 것이 앞으로의 과제이다.

사무 기기 분야에서는 특히 주목받고 있는 ECR의 잠재 시장성이 높다. 그리고 마이컴이 내장된 PPC는 OA 시대의 일환으로 복합기複合機라는 점에서 주목받고 있다. 합리화에 대한 정도를 측정하기 어렵다는 문제점이 있지만 높은 신장률이 예상된다.

산업 기기 부문에서는 뚜렷한 문제는 부각되지 않고 있지만, 프로세스 컨트롤 사출 성형기는 단순한 제어 기능이 아닌 중앙 컴퓨터에 의한 집중 컨트롤 관리 시스템 개발이 과제이다.

의료 기기 분야는 X선 단층 촬영CT 관련 기기 가운데 MR〔惡性腫瘍判別裝置, 核磁氣共鳴〕, CT 등 최근 개선된 화질이 보급되고 있다.

메카트로닉스의 장점과 결점

메카트로닉스를 〈사업 경영〉이라는 측면에서 조명하다보면 앞으로 기본적으로 어떠한 자세를 유지해야 하는가 하는 과제가 떠오른다.

메카트로닉스는 전자 공업과 기계 공학이 결합된 성격을 갖고 있다. 이를 기능적으로 분류하면 전자에 의한 기계 제어와 제2전자에 의한 기계 대체로 나눌 수 있다.

이 2가지 기능을 가진 메카트로닉스의 파급 효과는 첫째, 에너지 절약 둘째, 기능 향상 셋째, 자동화의 진전으로 단순 노동이나 가혹한 작업 노동을 해결할 수 있다는 점이다. 넷째는 숙련 노동자를 능가할 수 있는 고성능의 복잡한 가공이 가능하다는 점 등, 다양한 효과를 기대할 수 있다.

마지막으로 중요한 효과 중의 하나는 앞으로 지식 노동의 필요성이 높아진다는 점이다. 지금까지는 인간이 인간을 관리했으나 앞으로는 기계를 관리하는 상황도 예상된다.

그리고 기계의 제어를 위한 프로그램 작성과 설비 투자 확대에 의한 재무 능력의 고도화, 인간과 기계라는 두 작업자에 대한 노무 관리 문제를 해결하는 데 지식 노동의 필요성이 요구될 것이다.

메카트로닉스 또는 마이컴 상품의 이점은 첫째, 소형화와 고성능화이다. 마이컴이 내장됨으로써 기계 부품을 감소시킬 수 있어 소형화가 가능해진다.

둘째, 고품질화와 수명의 장기화이다. 패키지화되므로 고장률이 감소하고 품질에 대한 신뢰성이 높아지며, 상품 수명이 필연적으로 길어진다.

셋째, 자동화와 다기능화이다. 프로그램을 바꿈으로써 별도의 작업이 가능하므로, 종래의 메카적인 방식으로 생각할 수 없는 기능의 다양화가 가능해진다.

넷째, 저가격화의 가능성이다. 제품의 부품 수가 줄어들고 조립으로 비용이 저렴해진다. 특히 앞으로 고성능 LSI의 양산에 의해 코스트 다운이 실현된다.

다섯째, 시스템화의 가능성이다.

이처럼 메카트로닉스 제품의 이점은 매우 많다. 물론 장점만 존재하는 것은 아니다. 메인터넌스 문제를 들 수 있으며, 메카니컬한 것이라면 그 부분만의 수지가 가능하지만 메카트로닉스 제품은 패키지 전부를 교환하지 않으면 안 된다. 이처럼 메카트로닉스 보급에 관한 문제점은 메인터넌스 비용이 비싸다는 약점에 있다.

메카트로닉스의 사용과 진출은 다방면에 걸쳐 이루어지고 있다. 군사 부문에 사용되는 메카트로닉스의 메인터넌스 문제점도 언급된 바 있다.

대체 소계기對替消戒機 P3C는 일렉트로닉스의 총집합이다. 미사일의 경우에도 주요 부분은 극단적으로 일렉트로닉스화가 진행되고 있다.

그러나 일렉트로닉스화의 진행과 함께 대두되는 메인터넌스 문제도 유사시의 문제점으로 알려져 있다. 이를테면 일렉트로닉스의 군사 무기는 단기 결전형의 싸움으로 초기 공격에 의해 결판이 나는 경우가 바람직한 상황이라고 본다면, 만일 전쟁의 장기화에 의해 보급 부품이 중단될 경우 보충과 재생이 불가능하다는 점이다.

따라서 마이컴 상품도 〈사용하기 편리한 점〉과 메인터넌스는 별개의 문제이다. 이 점을 비즈니스상에서 경영인이 어떻게 대응해나갈 것인가 하는 점이 앞으로의 과제이다.

메카트로닉스 상품 개발 방법

마이컴의 특성을 고려하면서 상품에 응용하는 방법을 소개하면 첫째, 〈마이컴 서비스 분야〉이다. 이를테면 마이컴 교실, 신시사이저 교실, 마이컴 회화 교실, 마이컴 컨설턴트 등을 하나의 소프트웨어로서 산업화시킬 수 있다. 둘째, 〈기기 이용 기술〉로서의 산업이다. 마이컴을 포함한 컴퓨터의 소프트웨어 개발이다. 셋째, 〈가공 기술〉이다. 가공 기술로서의 정밀 공기술精密工技術이다. 넷째, 〈공업 소유권〉이다. 상품 또는 네이밍, 디자인 등 3차원 그래픽을 구사하는 비즈니스이다. 한 예로 자동차 회사가 새 차에 네이밍을 붙이는 경우 여러 가지 방법이 사용된다. 프랑스어, 이탈리아어, 스페인어, 영어 중에서 형용사와 명사만을 골라 접두어와 접미어로 분류한 후 무수하게 조합시키는 과정에서, 하나하나에 대한 어감을 분석하고 대중에게 어떻게 받아들여질 것인가를 검토하는 것이 네이밍 작업 중의 하나이다.

플랜트 기술이나 마이컴 관계 애프터서비스 보전 기술도 하나의 독립된 비즈니스로 성립된다. 이상에서 서술한 마이컴 관련 응용 상품을 도표로 표시한 것이 (표 5-4)이다.

메카트로닉스 관련 상품 개발로 첫째, 〈신기능 상품 개발〉이 있다. 마이컴을 응용한 자동집점 조절기구自動集點調節機構를 내장한 전자 카메라처럼 새로운 기능을 부가시킨 신상품 개발 방법

(표 5-4) 마이컴 응용 상품 (하드-소프트)

교양 · 레저 상품	마이컴 학습	학습용 교재 학습 교실 운영 완구 게임기기
	마이컴 게임	완구 게임기기 오락장
	마이컴 뮤직	신시사이저(악기) 작곡 연주 음악 교실
	마이컴 그래픽	컬러 디스플레이어 CAD
	기타	
가정 자동화(HA) 상품	마이컴 응용 가전 기기 전탁 · 홈 컴퓨터 마이컴 미싱 전자 시계 자동 집정 카메라 기타	
사무 자동화(OA) 상품	오피스 퍼스컴 복사기, 인쇄기 팩시밀리 워드 프로세서 기타	
판매 자동화(SA) 상품	전자 레지스터(ECR), POS 전자 계량기 자동 판매기 자동 발전기 자동 개찰기 기타	
공장 자동화(FA) 상품	제어 계측용 마이컴 마이컴 응용 제어 장치, 계측 장치 NC기계, 레트로픽(NC화 개조) 산업용 로봇 마이컴 응용 자동차용 기기 기타	
기타 상품	건강 증진용 · 치료용 · 의료용 기기 안전용 · 방화용 · 방범용 · 방재용 기기 기타	

이다.

둘째, 〈기능 강화 상품〉이다. 기존에 있던 상품을 시대의 요청에 맞추어 기능을 강화시켜 부가 가치를 높이는 상품 개발 방법이다. 이와 같은 방법은 고성능화, 고급화, 자동화, 에너지 절약화, 무해화無害化 등 고유의 목적에 맞추어 개발하는 상품 개발 방법이다.

셋째, 〈복합 기능화 상품〉이다. 이를테면 전자 계산기에 시계를 복합시켰다든지, 라디오 기능을 첨가시킨 것이 그 좋은 예이다. 이런 종류의 상품 개발은 어려운 편은 아닌 반면, 소비자의 욕구와 일치하지 못하면 상품으로서의 가치를 상실하는 면도 가지고 있다.

넷째, 〈개성 강화 상품〉이다. 특정 소비자의 개성을 염두에 둔 것으로 범용적汎用的이 아닌 개별화個別化시키는 전략이다. 퍼스컴이나 마이컴 게임 등과 같이 어느 한 분야의 소비자가 구매해주면 그것으로 채산이 맞는 종류의 상품이다.

이처럼 다종 다양한 메카트로닉스 상품 중에서 일반적으로 니즈 중심의 상품 개발 방향과 시즈 중심의 상품 개발 방향이 있다. 니즈 중심인 경우 시장 조사나 수요 예측 등을 실시하여 시장 니즈를 잘 반영시킨 상품 계획을 세우는 방법이다. 또한 시즈 중심 상품개발은 예컨대, 우리 회사에서 태양 전지나 소자素子를 만들고 있으므로 태양 전지 계산기를 만들어보자는 식의, 자사의 기술을 바탕으로 제품 개발을 진행하는 방법이다.

두 방향 중 어느 방향을 선택할 것인가는 기업의 입장에 따라 다를 것이다. 단 시즈 중심 상품은 내구재耐久財를 제외하고는 상품화가 곤란하다. 상품에 따라서는 단기간밖에 팔 수 없는 상품이지만 결과적으로 이익을 주는 아이디어 상품이 있는가 하면, 매년 조금씩밖에 팔리지 않는 상품이 몇 년에 걸쳐 채산이 맞아떨어지는 예도 있다.

기업에 따라 연간 매출 목표에 큰 차이를 보인다. 5억 원의 매상을 올려도 충분한 기업이 있는가 하면, 100억 원 이상의 매상을 올려야만 하는 기업도 있다. 따라서 개발되는 상품도 상이하다.

극단적인 예로 완구 회사의 경우를 보자. 5년이나 6년, 길게는 10년에 한번이라도 성공을 하면 그 다음 10년은 무사히 지낼 수 있는 업종이 완구 업종이다. 철강업 역시 10년에 한번 경기가 좋아지면 다음 10년은 큰 문제가 없다.

그러나 일반 기업들은 그렇지 못하다. 매년 5% 또는 10% 정도의 신장 목표를 설정해서 생산 계획을 세운다. 상품 계획 중에 가장 중요한 것은 그 상품이 과연 장래에 기업에게 〈기간 수익성 상품 基幹收益性商品〉으로 기여해줄지, 또는 〈중간적 수익성 상품 中間的收益性商品〉으로 남아줄지, 〈소수익성 상품 少收益性商品〉이 될지의 여부이다.

메카트로닉스를 중심으로 신상품 개발을 하는 경우 처음에는 일반적으로 소수익성 상품이다. 그러나 일시적 상품에서 벗어나 순조로운 항해의 조짐이 보이기 시작하며 장기적으로는 기간 수익성 상품이 된다. 물론 소수익성 상품에 그치기도 한다. 따라서 개발 방법은 극적으로 대단히 성공한 상품이 없더라도 장기적으로 어느 정도 팔릴 수 있기만 하면 된다. 대체로 수익이 전체 매상의 5~6% 정도면 계속 뒤를 이어 연결할 만한 상품을 개발하는 방법이 채택되고 있다.

TECHNO BUSINESS

제6장
하이테크 경영에 성공한 중소기업 케이스 스터디

케이스 스터디

첨단기술 기업 베이스를 올리는 데 있어서 중소기업이 대기업에 비해 불리하다는 점을 앞에서 제시했다. 이 장에서는 이러한 문제점을 중소기업이 어떠한 방법으로 극복했는가를 살펴본다.

발상을 전환하라

사례 1. P사의 경우

P사는 IC를 제작할 때 필수적으로 반드시 필요한 웨어를 만드는 과정에서 이것을 칩 상태로 절단하는 기계를 만드는 회사이다. 이것을 절단하는 것은 다이아몬드가 아닌 매우 예리한 자석 칼이다. 이러한 자석 칼이 지금은 IC의 커터로 세계 시장의 약 70%를 차지하고 있다.

따라서 우리 중소기업들이 이 분야에서 상품적 가치를 높인다면 세계적 독점 기업이 될 수 있는 분야이다. IC 커터의 주고객 회사는 비록 중소기업에서 생산하고 있어도 IBM이나 텍사스 인스트루먼트와 같이 IC를 생산하는 세계 초일류 기업들이다.

P사는 비상장기업이므로 자본금이나 종업원의 규모가 크지 않지만, 황금 산업인 하이테크 산업에 진출하여 성장을 거듭 매상액과 경상 이익이 높고, 또한 높은 수익력으로 한동안 성장이 지속될 것으로 여겨진다.

P사가 설립된 것은 그리 오래된 편이 아니지만, 최근의 벤처 비즈니스적 성격과는 달리 처음에는 자석을 생산하는 회사였다. 이러한 소규모 기업이었던 P사가 하이테크 산업에 진출할 수 있었던 것은 다음과 같은 이유에서이다.

자석은 통념상 물질을 끌어당기는 성질이 있다는 인식이 기존의 생각이었다. 그런데 이 회사는 자신들이 생산하는 자석으로 물질을 절단할 수 있는 방법은 없는가라는 〈발상의 전환 작업〉에 착수했다.

결국 이러한 발상 전환은 성공으로 귀결되었고, 창조성이야말로 중소기업이 위험하고 냉엄한 하이테크 산업에서 성공하도록 하는 열쇠임을 보여준 사례이다.

이후 최초의 발상을 바탕으로 하이테크 산업인 IC를 절단하는 기계를 만들었다. 현재 P사와 같이 자석을 만들어내는 유사 기업들은 대부분 하향 산업이라는 추세 속에서 침몰하고 있다. 그러나 P사는 자사의 기존 상품인 자석을 가지고 그 연장선상에서 하이테크 산업이라는 시대 변화에 호응, 발상 전환을 통한 기술 축적으로 21세기 하이테크 시대라는 항구에 무사히 귀항하는 데 성공했다.

현재 P사는 자석에 관한 한 세계 어느 나라 기업들에게도 패배

하지 않을 기술 축적에 박차를 가하고 있다.

약점을 강점으로 전환하라

사례 2. 홈 일렉트로닉스 부문 ─────────────────

X사는 홈 일렉트닉스 부문 관련 중소기업이다. 자본금이나 종업원의 규모 면에서 볼 때 중소 규모이다. 그러나 이 회사의 연간 매상액은 타사의 주목 대상이 되고 있다. X사가 이와 같은 실적을 올리게 된 요인은 역시 창조성에 의한 상품 발명이다.

이 회사가 개발에 성공한 상품은 시트 코일이다. 시트 코일은 오디오의 모터 부분에 사용되는 부품이다.

오디오 레코드의 플레이어를 회전시키기 위해서 플레이트 모터라는 얇은 모터가 붙어 있다. 이 모터의 경쟁력은 가능하면 소형으로 얇게 제작하는 것이다. 플레이트 모터는 비디오 디스크 등에 필요하다. 종래의 것은 모터에 돌아가는 선이 필요하기 때문에 선이 있는 이상 어느 정도 크기를 유지할 수밖에 없었다.

그러나 X사가 이 벽을 허물었다. 돌아가는 선을 없애는 대신에 한 장의 박형 동판에 그 회로를 IC처럼 인쇄했다. 즉 시트 코일은 종이 형태의 코일로, 이 얇은 박형 종이 6장을 겹쳐 놓음으로써 모터 코일이 된다.

그 후 시트 코일을 대량 생산하여 작은 소규모 기업이었던 X사는 세계적인 일류 기업들과 거래를 할 수 있게 되었다. X사의 경우는 앞서 P사와는 달리 장기간에 걸친 전업에 의한 기술 축적을 이룬 회사가 아닌, 이른바 벤처 비즈니스적 기업이다. 따라서 회사가 창립된 지도 몇 년 되지 않았다.

우리 중소기업이 X사를 참고로 할 수 있는 점은 〈약점을 플러스로 전환시켰다〉는 점이다. 자사의 약점을 철저하게 분석한 후 과감하게 플러스로 전환시킨 점이다.

X사가 하이테크 산업에 진출하는 데 경영 자원으로 부족했던 것은 모두가 인정하는 〈연구원 부족〉이었다. 연구원의 총수가 겨우 10여 명에 지나지 않았던 이 중소기업이 어떻게 대기업을 따돌리고 획기적인 개발을 성공시킬 수 있었는가 하는 의문점에 대한 대답은 〈성공 비결은 연구 개발을 비밀로 하지 않고 공개하였다〉는 이색적인 요소에 있다.

연구 개발 계획을 블랙화시키지 않는다는 것이 현실적으로 가능할까. X사는 시트 코일을 연구 개발할 계획이라는 사실을 먼저 사내에 발표하고 이 계획을 철저하게 주지시켰다고 한다. 그 뿐 아니라 회사에 출입하는 사람들에게까지도 자신들이 그와 같은 상품을 생산 개발할 예정이라는 사실까지도 공언했다.

또한 이 분야에 관계하고 있는 연구 단체나 학계에도 화제에 오를 수 있도록 알렸다. 그러던 중 X사를 출입하던 대기업 관계자나 외국 관계자들, 그리고 연구원이나 기술자들이 현재 연구 개발하고 있는 것을 이러이러한 기계에 사용해보면 어떻겠냐고 조언을 해오기도 했다. 뿐만 아니라 저명한 연구원들은 새로운 이론들을 소개하거나 가르쳐주기도 했다.

이러한 상황은 연구원이 10명밖에 없었으나 외부의 정보를 활용할 수 있는 상황을 유도함으로써, 10명이라는 연구원의 힘을

300명 또는 400명 정도의 힘으로 배가시켜 주었다. 종래의 연구 개발은 모두 비밀리에 진행시키는 것이 원칙으로, 사람들의 시선을 차단시킬 수 있는 곳에서 진행하는 것이 상례였다.

X사는 이를 역이용하여 성공한 경우이다. 하이테크 산업에 진출하기 위해서는 보통 150여 명 정도의 연구원이 필요하다고 할 때, 10명의 연구원 보유라는 중소기업의 치명적인 취약점을 역으로 활용한 발상 전환이라는 테마는 참고가 될 수 있다.

여기에서 가장 중요한 것은 어떤 제품의 연구 개발을 공개적으로 진행시킬 때, 다른 기업체에서 간단히 모방할 수 없는 것이어야 하는 전제가 반드시 수반되어야 한다는 점이다. 경쟁 회사가 쉽게 모방할 수 있는 종류라면 공개 자체가 위험 노출로 연결되므로, 공개를 할 때는 누가 보더라도 따라하기 어렵다는 판단이 확실할 때 실천할 수 있다.

한 분야에 철저히 투자하라

사례 3. 중소기업의 바이오 테크놀러지 진출 ─────────

Q사는 중소기업으로 바이오 테크놀러지 산업에 진출한 회사이다. Q사의 자본금은 100만 원이라고 하지만 Q사의 자본금의 실재를 반영한 것이 아니며, 총자본은 수천억 원에 이른다.

Q사의 본업은 포도당 등의 정제를 판매하는 것이었으며, 창업 시에는 카바야 캐러멜을 판매했다. Q사가 현재 진행하고 있는 것은 바이오 테크놀러지 중에서 인터페론 정제이다. 실험 쥐를 암에

걸리게 하여 쥐의 뱃속에 난 암의 혹을 절단한 후, 절단된 혹 속의 세포를 끄집어내 인터페론을 정제하고 있다.

이 방식은 세계에서 처음으로 성공한 것이었고 매우 낮은 가격을 유지하고 있다. 세계의 유수 기업도 이루지 못했던 것을 중소기업이 해낸 것이다.

Q사는 지방에 실험용 쥐를 사육할 수 있는 동물 실험 공장과 연구소를 운영하는 데 6억 원이라는 자금을 투자했다. 이후 23억 원을 추가로 투자했다. 또 설비를 유지하는 데 연간 15억 원이 필요하므로 러닝 코스트만 해도 연간 15억 원이 소요된다.

이러한 숫자는 대형 약품 회사의 한 제품에 드는 연구 비용과 비교해도 손색이 없는 숫자다. 즉 Q사는 한 분야에 〈철저하게 집중 투하〉했다.

이처럼 어떤 분야에 철저하게 집중적으로 투자하는 방식이 대기업에 비해 연구 자금이 극히 열악한 상태에 있는 중소기업의 연구 개발 방법이다.

즉, 한정된 자금을 어느 한 분야에 집중적으로 투자함으로써, 중소기업의 난제 중의 하나인 연구비 부족 현상이라는 고비를 넘기고 세계적으로 호평받을 수 있는 기술을 개발한 것이다.

성장력을 찾아라

사례 4. 중소기업의 메카트로닉스 진출 ─────────
I사는 로봇 전문 회사이다. 종업원이 170명 정도되는 중소 규모

회사로서, 하이테크화 기업이 되기 위해 무엇이 부족한가를 검토한 결과, 〈고객과의 정보를 주고받을 수 있는 통로의 부족〉이었다. 즉 소프트웨어를 개발하는 데 정보 루트가 없다는 것이다.

I사는 창업한 지 10년 정도밖에 지나지 않았으므로 기존의 로봇 메이커와 달리 판매 루트나 다방면에서 입수할 수 있는 정보 루트가 없었던 것이다.

I사는 이러한 핸디캡을 외국의 우량 회사를 파트너로 선택하여 슬기롭게 극복했다. 스웨덴에 있는 한 회사와의 기술 제휴와 미국의 신시너티 미라클론사 등과 기술 제휴가 이루어졌다.

미국의 신시너티 미라클론사는 알려진 바와 같이 본래는 공작 기계 부분에서 세계 1위를 차지하던 기업이었으나 현재는 로봇 산업으로 업종을 전환하였으며, 최근에는 지능 로봇 개발에 박차를 가하고 있는 세계적인 우량 회사이다.

따라서 I사와 같은 중소기업의 신시너티 미라클론사와의 기술 제휴는 I사의 장래를 밝게 해주었다. 이후 I사는 고객과의 관계 개선에 최선의 노력을 다하는 한편, 그 과정에서 I사의 로봇 개발에 대한 기본 정책이 구축되었다.

I사는 타사처럼 로봇 본체 만드는 것에 승부를 걸지 않고 어플리케이션 부분을 강화하였다. 즉 하드웨어보다 소프트웨어에 주력하는 방법을 택했던 것이다.

그러나 로봇 사업에서 가장 어려운 점으로 꼽히는 어플리케이션인 소프트웨어 개발에는 상당한 금액이 필요하다.

거기에다 개발 경쟁이 가속화되어 새로운 어플리케이션이 계속 나오고 있었다. 로봇의 새로운 기종은 대부분 다음과 같은 방법에 의해 개발되고 있다.

첫째, 어느 한 회사의 완전한 독자 개발에 의한 것.

둘째, 고객이 아이디어를 회사에 제공하고 이것을 회사에서 개발하는 것.

셋째, 고객과 회사가 합작 투자하는 J.V(Joint Venture)에 의한 것.

넷째, 자사의 기존 제품을 개량하는 것 등이다.

이와 같은 분류 가운데 자사가 단독으로 개발하는 첫 번째 방식을 채택하는 기업은 전체의 30% 정도이다. 나머지 70%는 고객과 소비자가 함께 투자하는 세 번째 방식, 또는 고객 주도형 방식에 속한다.

경제의 양극화 현상은 중소기업이나 비상장기업의 질적인 면에서 이전과는 상이한 평가를 하게 한다. 이를테면 I사의 경우 자본금이 6천만 원이며 매상은 연간 50억 원 정도이므로, 일부 상장회사와 비교한다면 규모 면에서 크기가 작다. 그러나 이 회사는 현재 지방에 40억 원이 소요된 FMS(flexible manufacturing sistem)적인 무인화 공장을 완성했다.

비용은 관련 회사와 은행에서 조달했는데, 비용의 동원이 가능했던 것은 I사가 가지고 있는 성장력이었다. 이 성장력은 6천만 원 자본의 I사에게 30억 원 단위의 자금 조달을 가능하게 했다.

이러한 상황은 같은 중소기업이라도 현재 자사 제품의 성장성이 어느 정도인가에 따라 전혀 다른 평가를 받게 된다는 것을 보여주는 적절한 예이다.

인력난을 해소하라

사례 5.   OA 하이테크 부문 ─────────────

현재 우리나라 기업들 중에는 OA 부문에서 세계적으로 주목받는 우수한 회사들이 많다.

여기서는 이러한 회사들 가운데 이색적인 특징을 가지고 있는 회사 T사를 소개한다. T사가 흥미로운 것은 연구 개발형 기업이라는 점이다. 하이테크 기업의 성패는 역시 〈인재〉이다. T사가 인재를 중요시하는 노력은 연구 개발원뿐만이 아닌, 제조에 참가하는 블루 컬러층에까지 각별히 신경을 쓰고 배려하는 성의를 보였다.

T사의 특색은 현장 생산 요원이 전원 여성 파트타이머로 구성되어 있다는 점이다. 또한 취급 종목이 정밀 기계라는 이유도 있으나 공장 바닥에는 깨끗하고 보기 좋은 카펫이 깔려 있다. 카펫을 깔고 전원 여성 파트타이머를 고용하기로 정책을 전환한 데에는 2가지 이유가 있었다. 첫째는 〈만성적인 구인난〉, 특히 21세기에는 더욱 심화될 구인난에서 벗어나자는 이유에서였다.

종업원 전원을 여성 파트타이머를 고용하기로 한 전환 계획이 성공하기 위해서는 많은 노력과 연출이 필요했다. 실제로 현장에서 작업을 하기에 조작이 용이하도록 조립 라인을 설계했다.

극단적으로 속도가 빨라서 숨 쉴 새 없는 작업이 아니라, 여유 있고 실패해도 다시 고칠 수 있는 여성에게 알맞은 라인을 성공적으로 구축하였다.

한편 생산 요원이 여성만으로 구성되어 있으므로, 그 구성원들은 스스로 완전 자주 경영적 자부심을 갖고 있으며 QC 활동도 활발하다. 여성 파트타이머는 코스트 면에서도 매우 저렴하여, 회사 입장에서 보면 인건비 억제 면에서도 매우 효과적이다.

인적 자원 확보에 대한 문제 해결 방법 중 T사는 위와 같은 전략으로, 앞으로 중소기업의 목을 계속 조일 〈인력자원 문제〉를 슬기롭게 해결하였다.

지금까지의 내용을 요약 정리하면, 우리 중소기업은 하이테크 형 중소기업으로 변화되어야 21세기에 살아남을 수 있다는 것이다.

그러나 하이테크 산업은 앞서 언급한 대로 대기업에게 유리하다. 그 까닭은 중소기업이 곧바로 하이테크 기업으로 변화하려고 해도 자금·인력·기술 등의 부족을 해결하기 어렵기 때문이다.

우리 중소기업이 하이테크 형 중소기업으로 변화하기 위한 포인트는 부족한 경영 자원을 어떠한 방법과 지혜를 가지고 보충하느냐에 달려 있다.

경영인이 우리나라에서 첨단기술 산업을 기업 베이스로 해서 추진할 때 발생이 예상되는 과제와 문제점을 열거한다. 이 산업에 진출하는 기업의 기본적 타입은 3가지로 분류할 수 있다.

첫째, 벤처 비즈니스형이다. 파워 하나만 가지고 0에서부터 시작해서 성공하는 케이스이다.

둘째, 장기간에 걸쳐 축적된 상당한 자산을 활용하여 새로운 분야에 진출하는 케이스이다.

셋째, 사례로 제시한 다섯 회사와는 전혀 성격을 달리하는 대기업이다. 우리나라에서는 세 번째 경우가 압도적으로 많다. 이러한 기업들은 직접 참가하는 경우와 자회사를 통해 진출하는 경우가 있다.

이처럼 첨단기술 산업 분야에 진출하는 기업의 기본적 타입을 분류해보는 것은 이 분야에서 어느 유형의 기업이 가장 크게 성장할 것인가 하는 관심에서이다.

중소기업의 첨단기술 산업 진출

우리나라에서는 세 번째 유형에 대기업이 가장 많이 진출해 있다. 그러나 많이 진출했다고 해서 그만큼 성공 사례가 높은 것은 아니다.

한편 중소기업이 이 분야에서 성공한 사례는 흥미로운 점이 많다. 이를테면 대기업 S사가 어느 한 부문의 로봇 개발에 성공을 거두었다. 그러나 전체에 미치는 효과는 미미했으며, 성과도 불투명하게 나타나고 있다.

이에 비해 중소기업의 성공 사례는 흥미로우며 이 분야에서의 중소기업의 가능성을 발견할 수 있게 해준다. 그러나 첨단기술 산업 분야는 대기업이 참가하고 있는 케이스가 압도적으로 많기 때문에 이러한 상태가 지속되면 대기업에 더욱 유리하다. 이러한 문제는 국민 경제적 메리트라는 측면에서 어떻게 볼 것인가라는 시각에 따라 해석이 다양할 수 있으나, 21세기 국가 경쟁력이라는 측면에서 볼 때 첨단기술 산업 분야에서 중소기업이 탄탄하게 육성되어야 하며, 많은 중소기업이 이 분야에 진출해서 견고한 기반을 구축해야 한다.

중소기업이 첨단기술 산업 분야에 진출하는 데 가장 큰 문제는 경영 자원의 부족이다. 경영 자원의 부족 중에서도 가장 큰 문제는 자금이다.

앞의 사례에서 나타난 회사처럼 능력이 올바르게 평가되기만 한다면, 자본금 6천만 원으로 연간 매출 50억 원인 회사가 갑자기 30억 원이라는 자금을 융자받을 수 있다. 그러나 현실적으로 이러한 회사는 매우 예외적인 존재이다. 실제로는 그렇게 수월하게 자금을 확보하기보다 그 반대의 경우가 많다.

중소기업의 자금 문제

첨단기술 산업체에 융자를 해줄 때 금융 기관에서 융자에 따른 리스크를 과연 어떻게 생각하는가 하는 것이 주안점이 된다. 리스크가 크면 클수록 리턴도 크다고 하지만, 과연 융자를 해주는 금융 기관에서는 신중에 신중을 기하게 된다.

중견의 첨단기술 기업은 비교적 담보 물건이 적다. 기술 평가에 대한 위험이 클 뿐만 아니라 투자 회수도 장기적으로 흐른다. 급한 경우는 10년 동안 번 수익금을 전부 쏟아부을 각오도 해야 한다.

최근에 많은 개선이 이루어져 과거에 비하면 자금 조달 통로가 다양해졌다. 그러나 여전히 중소기업이 융자를 받기란 쉬운 현실이 아니다.

이 과정의 단계별 문제점 중 자금 문제를 정리해보자. 연구 개발 단계에서는 장기간에 걸친 금리가 높지 않은 자금이 필요하다. 이 점이 성공하는 기업의 일반적인 요인이며, 역으로 높은 금리의 부담을 안고 연구 개발하는 것은 위험하다. 성장 초기가 되면 단기간의 대량 운전 자금이 필요한 것으로 나타난다.

한편, 최초 회사 설립시에 필요한 자금은 대부분 자신의 투자에 의해 이루어지며, 개인 투자로 접어들면 개인적으로 원조해줄 수 있는 벤처적 스폰서를 찾게 된다. 이후에 조금 성장하면 벤처 캐피털과 같은 투자 회사로부터 기술을 평가받아 자금을 융통하며, 이 모든 단계를 넘어 어느 정도 유명해지면 은행이나 보험회사와 거래를 하는 것으로 나타나 있다.

벤처 기업 라이프 사이클

미국의 벤처 비즈니스 관계 중소기업에 해당하는 S.B.A(Small Business Administration)가 정리한 『벤처 기업 라이프 사이클』은, 신흥 기업이 자금 문제를 어떻게 극복해나가는가 하는 과정을 회사의 창립 시기, 발전 단계별 라이프 사이클에 따라 해설하고 있

(표 6) 벤처 비즈니스 사이클

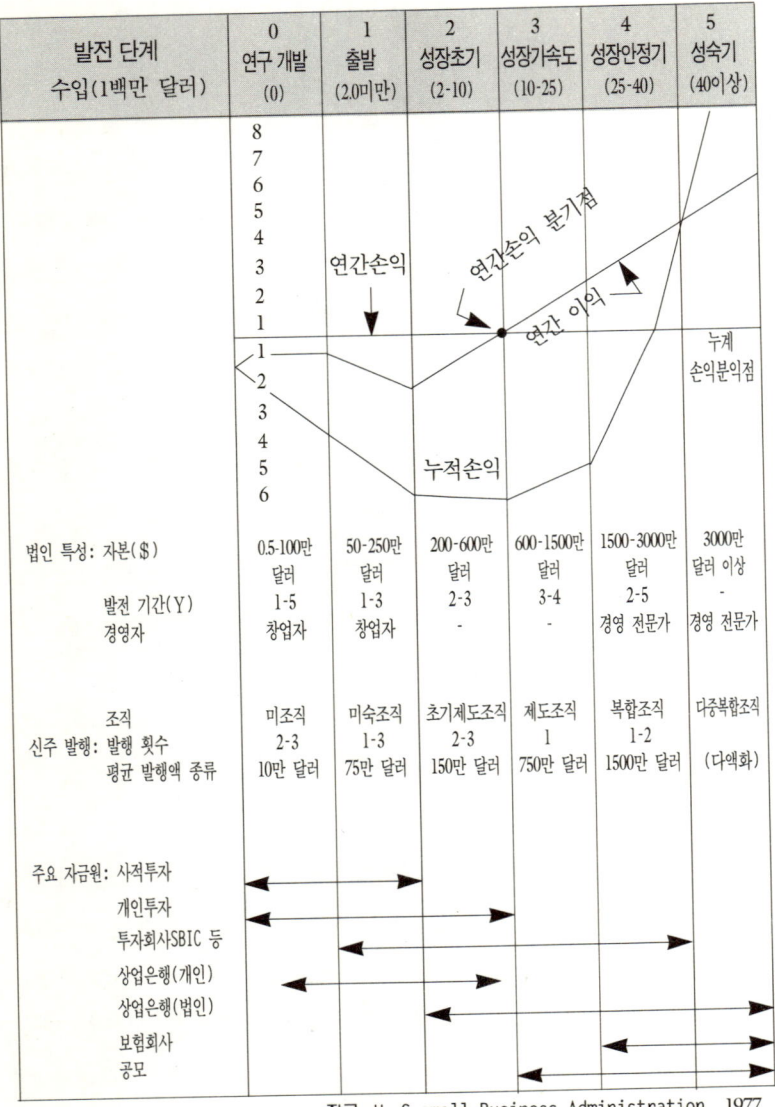

발전 단계 수입(1백만 달러)	0 연구 개발 (0)	1 출발 (2.0미만)	2 성장초기 (2-10)	3 성장가속도 (10-25)	4 성장안정기 (25-40)	5 성숙기 (40이상)
법인 특성: 자본($)	0.5-100만 달러	50-250만 달러	200-600만 달러	600-1500만 달러	1500-3000만 달러	3000만 달러 이상
발전 기간(Y)	1-5	1-3	2-3	3-4	2-5	-
경영자	창업자	창업자	-	-	경영 전문가	경영 전문가
조직	미조직	미숙조직	초기제도조직	제도조직	복합조직	다중복합조직
신주 발행: 발행 횟수	2-3	1-3	2-3	1	1-2	
평균 발행액 종류	10만 달러	75만 달러	150만 달러	750만 달러	1500만 달러	(다액화)

주요 자금원: 사적투자 / 개인투자 / 투자회사SBIC 등 / 상업은행(개인) / 상업은행(법인) / 보험회사 / 공모

자료 : U·S small Business Administration, 1977.

다.

이 내용을 개괄적으로 요약하면, 신흥 기업 또는 중소기업이 첨단기술 분야에 진출한 시기가 얼마되지 않으면 연구 개발 단계로서, 이 시기에는 물론 수입도 없으므로 당연히 적자이다.

그 후 가능성 있는 회사는 〈광맥〉을 발견하게 되며 가능성이 시계에 들어온다. 그러나 이 시기에도 누적된 적자 액수는 더욱 커진다. 성장 초기인 이 단계에서는 매상이 신장되나 전체적으로는 적자다.

그러다 어느 시기에 손익 분기점을 넘어 처음으로 흑자를 맞이한다. 그리고 안정 성장을 지속시키지만, 어느 일정 시기에 성숙기를 맞이하는가 하면 그 후에는 자연히 쇠퇴한다.

이처럼 기업의 성장 단계에 따라 자금 조달의 성격이 달라진다. 우리나라도 자금 조달 조건이 예전에 비하면 좋아지고 있다. 정부 차원의 육성 기관으로 중소기업청이 신설되어, 연구 개발이 용이한 체제 구축을 기하고 있다.

앞으로 기대해볼 만하지만, 현단계에서는 미국처럼 사업의 진행 단계에 따라 다양한 자금 공급 체제는 정비되어 있지 않다.

좋은 기술을 보유하고 있어도 자금 조달이 수월하지 않은 까닭에 사장되어버릴 수 있다. 따라서 이 분야에서 사업을 하거나 진출하려는 기업가는 이러한 환경을 어떻게 극복해낼 것인가 숙고해야 할 필요가 있다.

이 점이 첨단기술 중소기업이 갖는 문제점이다. 이 분야의 기업가는 기술 면에 문제의 비중을 두기보다 특히 자금이나 제도적인 면에 주목해야 한다.

더욱이 중소기업이 먼저 시작해도 대기업에서 손을 대기 쉬운 분야가 바로 이 분야의 특징이다. 많은 경우 자금 문제가 첨단기술 산업으로의 도약을 지연시키는 요인으로 작용한다.

미국은 자금 조달 면에서만 보더라도 첨단기술 산업의 비즈니스에서 크게 앞서 있다. 그러면 우리가 참고할 수 있는 미국의 첨단기술 산업 비즈니스의 일면을 소개해본다.

중소기업의 하이테크화

미국의 신규 주식 공개는 1977년에 78개사, 1980년에 232개사, 1981년에 441개사로 증가폭이 매우 크다.

일반적으로 미국의 기업 중 일부 기업은 소생이 어려울 것이라는 시각도 있었다. 그러한 예로 GM사와 포드사를 들었다. 그러나 어떤 산업의 일면을 보고 미국의 모든 산업의 가능성이 희박하다는 시각은 성립될 수 없다. 특히 GM사나 포드사는 대기업 수준과 비교하여 나온 이야기이고, 미국의 젊은 중견 기업은 발전에 발전을 거듭하고 있다.

이를테면 에너지, 일렉트로닉스, 의료 등의 첨단기술 산업 분야에는 젊은 중견 기업이 속속 진출해서 성공을 거두고 있다. 이러한 상황을 고려하지 않은 미국 산업에 대한 인식은 재고의 여지가 있다.

참고로, 뉴욕 증권 거래소 발표 자료를 통해 본 미국 뉴욕의 주

식 시장은 1982년 10월 7일자로 1억 5천만 주였으며, 그 이전에는
1억 주로 예상치도 못했던 활황 시장이었다. 1980년경만 해도 하
루 1천만 주가 최고 거래량이었으므로, 이 두 시기를 비교하면
1982년도는 1980년도에 비해 경이로운 활황 시장이었다고 볼 수
있다.

이처럼 뉴욕 증권 시장을 활황으로 이끌어낸 요인은 미국 기업
들이 첨단기술 산업에 본격적으로 진출한 시기였기 때문이라는
평가를 하고 있다.

이들 회사 가운데는 앞에서 발전 사례로 소개했던 유형의 중견
기업들이 많이 포함되어 있다. 우리 귀에 익숙한 기업들 중 최근
약진하고 있는 기업을 들어보면 애플 컴퓨터사와 바이오 테크놀
러지 관계의 제넨틱사가 잘 알려져 있으며, 개인용 컴퓨터의 톱
메이커인 턴디 코퍼레이션 등이 있다.

특히, 턴디 코퍼레이션은 오랜 역사를 가진 회사로서, 최초에는
구두의 부속품 등을 판매하는 판매점이었다. 지금은 전세계에 8
천여 개의 가전 제품 대리점을 가지고 있다.

이러한 회사가 첨단기술 산업에 진출한 것이다. 이 회사가 퍼
스컴을 생산하기 시작한 것은 애플사와 마찬가지로 1977년경이
다. 이후 발전을 거듭해 첨단기술 산업에 진출한 지 4년도 채 안
된 1981년, 이코노미스트 잡지 『파이넨셜 월즈』지는 1981년도 미
국의 최우수 경영자로 이 회사 회장인 로슈를 선정했다. 1981년도
시점에서 턴디사는 과거 5년간 미국 회사로는 드물게 평균 20%
성장을 계속했고, 차후 5년 동안에도 25% 정도의 이익 신장이 예
상된다는 것이 선정 이유였다.

이 회사의 강점은 지속해서 성장 상품을 만드는 데 있다. 가전 제품 대리점 보유라는 판매력과 판매망을 활용하여, 최초에는 이 회사의 상품인 전자 게임기를 판매했다. 그 후 신형 전화기나 퍼스컴 등과 같은 성장 상품을 만들어 기동력 있게 판매할 수 있는 능력을 갖춘 것이 이 회사의 강점으로 작용했다.

또 다른 특징은 성장성이 좋아도 순이익이 매상 총이익의 50% 이상을 보이지 않으면 취급하지 않는 철저한 이익 중시 정책을 폈다는 점이다. 따라서 VTR은 취급하지 않았다.

이 시기에 첨단기술 산업에 진출하여 성공한 사례를 미국에서 유럽으로 이동시키면 이스라엘의 Elsecint사의 성공 사례를 들 수 있다.

Elsecint사는 메디컬 일렉트로닉스의 중견 회사로 방사선 물질을 투여한 후 촬영하여 진단하는 장치를 개발하였는데, 당시 세계적으로 주목을 받았으며 그 기술은 회사를 급신장시키는 계기가 되었다.

NOVO 인더스트리는 덴마크 회사이다. 이 회사는 1925년에 설립되었다. NOVO사는 당뇨병 치료제인 인슐린으로 세계적으로 유명한 회사이다. 또한 전세계 효소 시장에서 압도적인 시장 점유율을 가지고 있는 전문 회사이기도 하다.

바이오 테크놀러지 분야에 해당하는 효소에 관한 기초 기술을 바탕으로 NOVO사는 유전자 조작 분야에 진출했다. NOVO사는 과거 5년간 연평균 성장 이익은 35%이고, 앞으로도 30% 정도씩 신장할 것으로 예상되는 우수 회사이다.

하이테크화 기업 개념의 다각화

하이테크화 기업이 된다는 것은 반드시 제조업에서 하이테크를 이용한 제품을 생산하는 것을 의미하는 것만은 아니다. 모든 산업 분야에서 첨단기술인 하이테크를 이용하여 장래성 있는 분야를 개척해가는 기업이 하이테크화된 기업이다.

또한 하이테크화된 기업은 다각화, 복합화라는 개념에 의해 탄생되기도 한다. 예컨대 서비스 분야에서 하이테크화한 기업은 종래의 서비스 개념을 변화시키고, 서비스업을 효과적으로 운영한다.

미국의 서비스 기업 중에서 최초로 서비스 개념에 첨단기술을 사용해서 복합화한 사례는 피자 인 시어터사이다. 이 기업의 기존 서비스 개념은 지금은 별로 경이롭지 못하지만, 당시로는 획기적이었던 하이테크를 구사해 서비스 개념을 복합화하는 데 성공하였다. 이 회사가 성공할 당시 미국의 금융 기관이 그 중견 기업을 주목했다.

피자 인 시어터사는 외식 식당을 운영하는 기업이다. 캘리포니아를 중심으로 시작하여 프랜차이즈 방식으로 점포 수를 늘려나갔다. 한 점포의 좌석 수는 약 250석 정도이다. 주된 메뉴는 피자이고 그 외에 햄버거가 있으며 와인도 준비되어 있다.

흥미로운 것은 가족 단위로 이 식당을 찾아온 고객들에게 피자가 나오기까지 기다리는 시간에 식당 안에 설치한 게임기를 즐길 수 있게 한 점이다. 또한 피자가 완성되어 먹을 수 있는 단계에 이르면, 정면에 설치된 스크린을 통해 앉은 좌석에서 인형극 등을 보면서 피자를 먹도록 한 발상이다. 즉 레스토랑과 극장의 기능을 동시에 이용하도록 한 셈이다.

〈먹고〉, 〈놀고〉, 〈보는〉 즐거움을 한곳에서 즐길 수 있는 복합적 개념을 도입한 것이다. 따라서 손님은 이곳에 오면 하루 종일 즐길 수 있으므로 평균 1인당 25달러 정도를 쓴다고 한다. 피자는 싸지만 게임기 등을 즐기는 데는 적지 않은 돈을 쓰게 되기 때문이다.

고객이 레스토랑에 와서 의자에 앉으면 우선 무료로 게임용 코인 2개를 나누어준다. 무료 코인을 받은 손님은 게임 기계를 즐기기 시작하는데, 금방 자신의 돈을 쓰게 된다.

또한 스크린에 나오는 캐릭터 인형극은 120종류로 1편당 8분씩 컴퓨터로 내보낸다. 여기서 주목할 만한 것은 세일즈 포인트의 복합성이다. 영상 기술과 컴퓨터를 비롯한 고도의 일렉트로닉스를 이용하여 복합적 세일즈 포인트가 이루어지고 있다. 이를테면 컴퓨터는 어려운 인형극을 관리해주고 있고, 게임 기계는 일렉트로닉스이다.

피자 인 시어터사를 경영하고 있는 기업가는 애플 컴퓨터사의 전 사장인 부쉬넬이다. 애플 컴퓨터로 성공한 그는 애플 컴퓨터를 다른 기업가에게 모두 팔아버리고 다시 새로운 사업을 시작했던 것이다. 이러한 변신이 전형적인 벤처 스피릿이다.

우리나라의 옥소리사 사장의 경우 벤처로 시작한 기업을 성장

시킨 후 대기업 삼성에게 넘겨주고, 자신은 원점에서 사원 몇 명
과 함께 새로운 벤처 산업을 시작했다.

연구 개발형 기업가가 되라

부쉬넬이 컴퓨터 산업이나 서비스 산업에서 성공할 수 있었던
요인은 연구 개발형 기업가이기 때문이라고 할 수 있다. 그는 피
자 인 시어터사의 성공 요인으로 연구 전문가와의 밀접한 협력 관
계를 들었다. 그는 실제로 각각 외식 산업 분야, 영상 산업 분야
그리고 일렉트로닉스 분야의 전문가들과 협력해서 피자 사업을
성공시킬 수 있는 연구 개발을 했다고 한다.

현재는 모두 이러한 구조로 변화되는 추세이므로 특이한 일이
아니지만, 여기서 주목할 것은 모방할 것이 전혀 없던 상태에서
무엇이 그러한 것을 만들어냈는가 하는 점이다.

이처럼 기업가는 끊임없는 연구 개발 노력이 필요하다.

중소기업가의 하이테크 응용 마인드

첨단산업의 응용 분야는 실로 폭이 넓다. 이것은 기업이 하이
테크화될 수 있는 폭도 넓음을 의미한다.

자신의 기업을 하이테크화 기업으로 변화시키려는 기업가는 하이테크의 폭넓은 응용 마인드가 필요하다. 그러한 마인드를 이용하여 피자 인 시어터사와 같은 서비스업도 성장한 것이다.

우리 중소기업이 21세기를 맞아 승자가 되기 위해서는, 현재의 사업을 토대로 하이테크화 사업으로 변화되어야만 살아남을 수 있다. 하이테크화된 기업은 하이테크를 이용하여 생산하는 제조업이라는 개념에 한정되지 않는다. 서비스업에서 폭넓은 하이테크의 응용이 이루어진다면 하이테크화된 기업군에 속하게 된다.

우리 중소기업이 하이테크화로 변신하는 데 문제점은 무엇인가. 현재에도 진행되고 있고 21세기에는 더욱 심화될 경기의 양극화, 경쟁의 양극화 현상은 하이테크화된 기업군에게는 유리한 현상이지만, 기존 형태에서 벗어나지 못하는 기업군에게는 불리한 현상이기도 하다.

따라서 우리나라의 중소기업은 〈기업의 하이테크화〉에 대한 이해와 정의의 재정립의 필요하다. 그러나 실제로 우리 중소기업이 하이테크화된 기업으로 변신하려고 할 때 우리는 벤처 캐피털의 존재가 없다는 점이다.

화려한 기업의 성공 사례로 피자 인 시어터사를 소개했지만, 부쉬넬의 마인드를 가지고 우리 기업가가 한국에서도 똑같은 출발을 한다고 했을 때, 부쉬넬이 얻은 결과와 동일한 결과를 얻어낼 수 있는가 하는 데에는 의문이 제기될 수 있다. 그 이유를 알기 위해서 피자 인 시어터사의 성공을 가능케 했던 배경에 대해서 알아보는 것이 순서이다.

미국에서 부쉬넬이 성공할 수 있었던 주요 요인 중의 하나는 미국은 벤처 사업가를 위한 벤처 캐피털의 존재가 활성화되어 있었다는 점이다. 〈재미있고 흥미로운〉 회사가 출현하면 독지가가 나타나 자금을 빌려준다거나 주식을 사준다. 즉, 공식적으로 주식을 공개하기 전에 미리 주식을 취득하고 나서 5년 정도 기다려준다.

그런 다음 회사가 어떤 요인으로 성공하여 주식을 공개하면 벤처 캐피털은 가지고 있던 주식을 모두 매각하고, 이렇게 해서 번 돈으로 또다시 미래 회사에 투자한다.

즉, 1이냐 8이냐 하는 리스크가 매우 높은 벤처 비즈니스 세계에서, 미국 벤처 캐피털의 성격과 벤처 사업가를 바라보는 미국의 이러한 풍토와 벤처 캐피털 조직은, 1년에 440개의 벤처 회사가 신규 공개를 할 수 있게 만드는 배경이 되고 있다.

미국 벤처 캐피털의 행동 양식

참고로 미국 벤처 캐피털의 투자 방침인 행동 양식을 정리해보면 대략 다음의 10가지로 분류된다.

첫 번째 특색은 투자 기간을 5년 또는 10년 정도로 하며, 이 기간중 주식을 계속 보유하고 기다리며, 목표는 투자 금액의 5배에서 10배 정도이다.

두 번째 특색은 1건당 투자 금액은 30만 달러에서 40만 달러 정도이다. 평균 총액은 80만 달러 정도로 우리 돈으로 환산하면 한 회사에 대해 2~3억 원 정도로, 이것을 5배 또는 10배 정도로 잡는 목표이므로 목표 금액은 5년 후부터 10년 사이 30억 원이 된다.

세 번째 특색은 투자 시기로 어느 단계에 벤처 기업에 투자할 것인가에 대해, 전체 3% 정도가 벤처 기업이 설립되고 나서 곧바로 투자한다는 점이다.

네 번째 특색은 어느 분야에 투자할 것인가에 대한 것으로, 당연히 일렉트로닉스, 통신, 에너지 등 최첨단 분야에 집중되어 있다는 점이다. 미국의 투자가는 투자할 업종 선택에 단순한 면이 있다. 이를테면 극단적인 예로 투자 가치만 있으면 투자할 회사는 특별히 관계하지 않는다.

이러한 투자 흐름 속에서도 미국 투자가 전체 4%가 하이테크 분야에 집중되어 있는 것은 이 분야의 가능성을 대변한다고 볼 수 있다.

다섯 번째 특색은 벤처 캐피털은 어떠한 방법으로 장래성 있는 투자 회사를 선택하는가 하는 점인데, 이것은 천차만별이다. 금융 기관에서 장래성 있는 회사를 투자가에게 소개해주기도 하고, 벤처 캐피털끼리의 정보 교환에 의해 이루어지기도 하며 벤처 캐피털 자신이 직접 찾아내기도 하는 등 다양하다.

우리나라의 경우 은행이 보증해주는 것이 유효한 조건 중의 하나가 되지만 미국의 경우는 조건이 없다.

여섯 번째 특색은 회사 선별에 있어 매우 신중하다는 점이다. 이것은 리스크가 큰 투자이므로 선별에 신중을 기하는 것은 당연한 일이다. 이것을 평균적으로 수치화시켜보면 500대 1의 비율이다. 즉, 앞으로 가능성이 있다고 투자할 것을 권유하는 신청이 500건 들어왔을 때, 심사에 합격하는 회사는 1개사 정도로 신중을 기한 심사가 이루어짐을 알 수 있다.

일곱 번째 특색은 벤처 회사가 투자하기를 바라는 벤처 캐피털에 신청한 후, 실현되기까지의 기간, 즉 벤처 캐피털이 투자 결정을 하기까지 걸리는 시간이 겨우 3~4개월로 매우 짧다는 점이다.

이처럼 벤처 사업가를 위한 투자가 빠른 속도로 결정되는 것은 그만큼 노하우가 축적되어 있고, 투자 요청을 해오는 상대 기업이 중소기업이라 시간을 끌면 자금 부족으로 망해버릴 위험이 있으므로 이를 보호해주고 방지하기 위해서이다.

여덟 번째 특색은 벤처 캐피털이 벤처 회사에 돈을 빌려줄 때, 무엇보다도 경영자의 능력을 중요시하는 점이다. 장래 가능성이 있다고 보는 신기술에 대한 평가는 어렵다. 신기술의 비즈니스로서의 가능성은 이해되면서도 실현성은 시간이 지나봐야 알 수 있기 때문이다. 가능성과 실현성의 차이이다.

따라서 궁극적으로 투자 결정은 경영자의 능력에 도박을 걸게된다. 즉, 경영자를 판단하는 안목이 벤처 캐피털의 투자의 노하우 중의 하나이다.

아홉 번째 특색은 벤처 캐피털은 주식을 사주지만 경영권을 요구하지는 않는다. 50% 이상의 주식을 가지려고 하지도 않는다. 벤처 기업의 가능성 이외의 경영에 대한 참여는 하지 않는다는 것이다.

열 번째 특색은 역시 경영의 자유를 보장해준다는 점이다. 벤처 캐피털이 주식을 보유하고 있어도 어디까지나 경영의 자유를 보장해준다. 만약 이들이 경영에 참가할 때는, 적자가 예상 외로 계속되거나 회사가 도산 직전에 놓일 정도로 위급한 경우 등 2가지 상황이 벌어질 때이다.

지금까지 예로 든 10가지 특색은 미국 벤처 캐피털의 일반적 특색이다. 이 특색에서 알 수 있는 것은 좋은 기술과 발상을 가지고 있는 기업가가 사업을 성공시킬 수 있는 환경에 관한 한 벤처 비즈니스맨에게 미국이 유리하다는 점을 알 수 있다.

따라서 벤처 비즈니스맨이 우리나라에서 사업을 시작하려고 할 때 극복해야 할 불리한 요소는 무엇인지, 그 전략은 어떻게 세워야 하는지, 전략의 집중 대상이 무엇인지 하는 것은 미국의 벤처 비즈니스 환경을 참고로 하는 것이 좋다.

미국의 경우를 기준으로 할 때 우리나라 벤처 비즈니스의 현실이 미국의 기준을 상회하면 상관없으나, 하향선을 그리거나 여기에 못 미치는 요소들이 있으면 그 점이 바로 우리 기업가들이 극복해나가야 할 전략이다.

첨단기술 산업 분야에서 기업이 참가해서 성공을 거두는 일이 간단하게 이루어지는 것은 아니므로, 당연히 다양한 전략이 따른다.

자사의 경영 자원을 동원시키거나 한곳으로 집중시키는 등의 전략이 따르지 못하면, 첨단기술 산업 분야에 참가하는 것은 쉽지만 성공하기는 어렵다. 기술만 있다고 잘 되는 것도 아니다. 결국 자금 동원이 필요하며, 이것은 경영자의 능력이다.

다행스러운 것은 1995년도부터 우리나라에서도 중소기업 육성 대책이 일부 활발해지고 있어, 어떤 의미에서는 국내 벤처 사업의 확대기로 접어들었다고 할 수 있다.

첨단기술 분야의 중견 기업 육성은 새로운 국면을 맞고 있다. 우리나라의 미래 21세기 경제를 위해 중소기업이 육성되어야 하며, 중소기업은 세계 경쟁에서 승리할 수 있는 하이테크화의 필요가 강조된다. 이제부터 중소기업가의 하이테크 사업, 첨단기술 산업을 개괄적으로 소개한다.

소재 혁명

과거에 비해 소재나 재료 등이 각광을 받는 분야로 변화되었다. 더욱이 최근에는 실리콘을 주성분으로 하는 세라믹의 등장으로 인해, 다양한 신소재가 개발되어 급속하게 각광을 받기 시작했다.

예컨대 세계 각국의 정부나 민간 조사 기관이 〈기업의 의식과 행동〉을 조사한 결과, 경영자들이 미래의 경영 전략상 가장 강한 관심을 보이고 있는 분야에서 1위를 차지한 것이 일렉트로닉스이며, 2위가 신소재였다.

이처럼 기업가들로부터 인기를 모으고 있는 신소재에 대해 구체적으로 살펴보자. 현재 신소재를 사용한 첨단기술은 에너지, 일렉트로닉스, 라이프 사이언스, 운송 교통 또는 항공 우주, 해양 개발 등의 다양한 분야에서 주목을 받고 있으며, 기업상품으로 이용되고 있다. 여기서는 각 분야에 따른 신소재와 첨단기술과의 관계를 알아본다.

첨단기술을 지탱해주는 소재

에너지 분야에서는 FBR이나 석탄 가스화, 또는 태양열을 이용한 발전소 등이 유명하다.

최근에는 태양열 발전에 사용되는 전자 판넬 소재로 아몰파스 실리콘이 주목을 받고 있다. 태양열 발전은 개선 기술이지만, 아몰파스 실리콘 소자를 이용하면 발전의 효율이 높아져 전력의 코스트 다운과 연결된다.

같은 목적으로 갈륨 비소가 등장하였으나, 이를 이용하는 것은 난점이 있다는 의견도 있다. 갈륨은 지구상에 균질적으로 산재해 있지만 갈륨 광석은 드물다. 고작해야 알루미늄을 만들 때 사용되는 보오크사이트에 갈륨이 포함되어 있는 정도이다.

따라서 갈륨을 추출하는 기술적인 문제가 아직 해결되지 않고 있어, 아무리 비즈니스적으로 매력이 있다고 해도 현재는 코스트가 높아서 실용화되기 어렵다.

윤택한 광석과 같은 것이 없고 지구상에 산재한다는 점이 결정적으로 실용화를 어렵게 하고 있다. 비즈니스 세계에 이 갈륨 비소의 가능성이 매우 잘 알려져 있지만, 위와 같은 까닭에 아몰파스에서 갑자기 갈륨 비소로 교체되기는 어렵고 양자의 병용이 이루어질 것으로 예상된다.

더욱이 에너지 분야에서는 열로 전지MHD(전기 유체) 등에 세라믹이 이용되고 있고, 그중에서도 질화 실리콘이 유명하다. 세계적인 증권가에서 질화 실리콘을 낮은 코스트로 만들 수 있는 회사가 있다는 소문이 퍼지면, 즉시 질화 실리콘 관련 주식은 주가가 천정까지 치솟을 정도이다.

이러한 현상은 질화 실리콘에 대한 상세한 지식이 없어도, 질화 실리콘으로 만들어진 자동차 엔진은 〈꿈의 엔진〉 또는 〈환상의 엔진〉이라는 인식이 있기 때문이다.

세라믹은 종래의 금속의 한계로 알려져 있던 1,100도를 넘어서 1,500도의 내열성을 가지고 있다는 것이 큰 특징이다. 자동차 엔진이나 발전소 터빈 등은 가스의 온도가 높을수록 열효율이 좋다.

여기에 세라믹이 사용되면 성능이 더욱 향상되므로, 에너지 절약에 효과가 크다. 그러나 질화 실리콘이 현재 어디서 어느 정도 사용되고 있으며 어느 정도 개발이 진행중인지에 대해서는 〈모래 속에서 바늘 찾기〉 식으로, 세계 각국의 기업 또는 연구소가 기밀 사항으로 비밀리에 진행시키고 있어 실제 파악이 어렵다.

세라믹은 고온에 강하다. 동시에 가공이 어렵다. 또한 금방 금이 가는 약점도 있다. 이것을 엔진에 사용할 때 세라믹 특유의 금이 잘 가는 현상이 발생하면 심각하다. 생명과 직결되기 때문이다. 또한 세라믹을 화력 발전의 프레스에 사용했을 때 금이 가 발전이 멈추면 공공적인 문제를 일으키게 된다.

이러한 난점에도 불구하고 세라믹을 가스 터빈 등에 사용할 수 있도록 신뢰성, 코스트 다운, 정도精度의 문제를 해결해 보급하려는 각축전이 세계 각 하이테크 기업 사이에서 시도되고 있다.

한편, 제품이나 부품 전체를 세라믹으로 처리하기보다 금속 표면만을 세라믹으로 도포塗布한 후 이용하려는 연구 개발도 이루어지고 있다.

다음은 신소재를 이용한 일렉트로닉스 분야를 살펴본다. 우선 이 분야에서 제일 먼저 떠오르는 것이 초고속 연산소자超高演算素子이다. 여기서도 갈륨 비소가 등장하는데, 갈륨 비소를 사용하면 계산 능력이 10배 정도 상승하기 때문이다.

다음으로 영하 270도 정도의 초저온에서 일어나는 초전도超電導를 이용한 요셉슨 효과 소자, 반도체 레이저, 대용량 메모리, 세라믹 등이 있다.

세라믹은 절연성絕緣性이나 내식성耐蝕性이 있어서 IC나 콘덴서의 전자 부품에 많이 사용되고 있고, 조합이 가능하도록 종류가 다양하다. 이러한 관계로 비즈니스 시각에서 볼 때, 예전의 세라믹과 뉴 세라믹의 시장 규모가 앞으로 더욱더 커질 것으로 예상된다.

하이테크를 지향하는 기업들은 세라믹 분야에 관심이 높다. 이처럼 세라믹이 우리나라 하이테크 기업들에게 각광을 받고 있는 것은 우리나라의 특성과 깊은 관계가 있다. 기술입국을 지향하는 우리나라가 고도의 기술을 갖고 있으면서도 자원이 풍부하지 못한 환경과 관련이 있다.

생명 과학 분야에 하이테크 기업들이 접근하고 있는 대표적인 경우는 인공 치골, 인공 장기, CT(단층 상촬영 장치) 등의 신소재 사용이다.

교통 운송 분야에서는 리니어 모터카 [磁氣浮上 鐵道]와 전기 자동차, LNG 선船, 세라믹 엔진 등의 분야에서 격전을 벌이고 있으며, 이 분야에서도 주로 질화 실리콘이 사용된다.

최근에 그룹 현대에서 항공 우주 산업에 진출했다. 이 분야는 주로 대기업이 주도하는 분야이지만, 관련 협력 업체나 하청 업체와 같은 부품 기업들의 기대를 모으는 것은 이 분야에서의 성공은 파급 효과가 크기 때문이다.

이를테면 현재 각 기업에서 주목하고 있는 CC 컴퍼딕이 있다. CC 컴퍼딕은 카본 속에 파이버를 넣은 것으로 경량화輕量化, 항장력抗張力을 가진 점이 특징이다. 이러한 장점을 살리면 CC 컴퍼딕이나 티탄 등이 항공 분야에서 각광을 받게 되므로, 세계 각국의 하이테크 기업들이 이 상품에 주목하는 것이다.

해양 개발 분야에서 중요한 것은 잠수 기술, 해저 굴착 기술 그리고 해수 담수화海水淡水化 등이다. 최근 하이테크 기업들이 물에 대해 높은 관심을 보이고 있다. 한편 가정에서도 〈마시는 물〉에 대해 정수 처리가 보편화된 상품으로서 그 수요가 늘고 있는 것처럼, 하이테크 기업들이 물 처리에 관심을 가지는 것은 시대적 흐름이며 일렉트로닉스 관계에서 필요하기 때문이다.

일렉트로닉스 관계에서는 순도純度가 매우 높은 물을 요구하고 있는 까닭에, 물 처리 기술 상품이 늘어날 것으로 예상되고 있다.

21세기 산업을 변화시키는 기술

1980년대는 일렉트로닉스가 가장 큰 성장을 보였고, 그 다음으로 바이오 테크놀러지, 에너지, 광기술, 신소재 등이 현저한 신장을 보였다. 그러나 1990년대에 들어서는 해양 개발, 우주 개발, 지구 내부를 대상으로 하는 기술 개발로 변화되는 움직임을 보이고 있다.

이러한 배경 아래 각국 정부는 신소재 육성에 총력을 기울이고 있다. 세계 각국마다 〈차세대 산업기반기술 개발제도〉와 같은 제도 구축이 활발하다.

창조적 과학 기술을 촉진시킨다는 테마로 하이테크 비즈니스계에서 가장 주목을 받고 있는 것이 파인 세라믹이다. 파인 세라믹은 〈금속을 대신할 수 있는 제2의 석기 시대 도래〉라는 캐치 프레이즈가 어울릴 정도로, 원자력, 신 에너지, 항공기, 우주 등의 첨단기술에 폭넓게 응용될 것으로 기대하고 있다.

또한 질화 실리콘은 열효율 향상에 의한 대폭적인 〈에너지 절약〉 산업에 기대를 모으고 있다.

다음으로 하이테크 비즈니스에서 주목할 수 있는 것이 고효율 고분자 분리막 재료高效率高分子分離膜材料이다. 이것은 기체나 액체를 자유로이 분리, 정제할 수 있는 막 재료이다.

기존의 분리막은 섬세하게 뚫린 구멍을 효과적으로 이용해 혼

합물로부터 필요한 물질을 분리했다. 고효율 고분자 분리막 재료는 분리 메커니즘을 해명 解明 신소재를 개발하여, 아주 얇은 막인 극박막 極薄膜의 제막 기술에 의해 물질의 성질을 이용하여 분리하자는 것이다.

　이러한 종류의 재료가 고도로 개발되면 이에 따른 장래의 파급효과는 크다. 이러한 막은 공기를 통과시키므로 연소율이 높다. 개발이 실현된다면 종래 화학 공장에 설치되어 있는 분리탑 分離塔과 파이프 증류탑 등 다종다양한 플랜트가 극히 작은 형태로 이루어질 수 있다.

　극단적으로 표현하면 빌딩 속에 플랜트 공장을 가동시킬 수 있을 정도로 설비를 작게 할 수 있으므로, 효율성이 높은 분자 분리막에 걸고 있는 기대는 매우 크다.

　이외에도 금속과 마찬가지로 전기가 통하고 가볍고 녹이 슬지 않는 특성을 가진 도전성 고분자 소재 導電性高分子素材는 동이나 알루미늄 전선으로 대체할 수 있다.

　그 밖에도 복합 재료가 있다. 복합 재료의 특징은 〈목적에 알맞는 강도와 특성을 가지며, 알루미늄 합금보다도 가볍고 철보다 강한 소재〉라는 데 있다. 카본 파이버 또는 Sic 파이버 등이 그것이다.

　이러한 소재는 앞으로 이용도가 상당히 신장될 것으로 주목되고 있다. 그러므로 이러한 소재는 항공기, 로켓, 자동차, 구조 재료 등의 폭넓은 용도를 가지고 있어, 성능을 비약적으로 향상시킬 수 있는 기업에 기대를 걸고 있다.

　마지막으로 초미립자 超微粒子가 있다. 초미립자는 원자의 수가

10부터 100개로 특징은 이러한 미립자가 되면 표면적이 커지게 되어 활성活性이 커지므로 매체媒體, 필터, 자성재磁性材, 전기재電氣材에 사용된다. 그러나 초미립자는 물성 관계가 아직 해명되지 않은 점과 목적으로 하는 입도분포粒度分布를 얻을 수 없는 점이 난점이지만, 앞으로 다양하게 사용될 것으로 기대되어 하이테크 기업의 주목을 받고 있다.

21세기는 양이나 숫자보다 질의 시대이다. 걸프전은 이러한 움직임을 극명하게 보여주었다.

우리나라의 최첨단 기술 개발의 전망이 밝다는 인식이 지배적이지만, 그 모태가 되는 기초 과학에 대한 연구가 뒤져 있다는 것이 우리의 현실이다. 연구비나 과학자의 수가 구미 각국에 비해 절대적으로 부족하다는 점은 21세기 세계 과학 정보화 시대에 있어서의 미래 경쟁력 문제로, 현실적인 문제점을 개선하려는 움직임이 필요하다.

〈미래의 유망 산업이나 사업 또는 상품은 모두 연구실에 나온다〉고 인식될 정도로, 기업의 첨단 과학 연구의 중요성은 21세기 우리 중소기업의 세계화 경쟁 속에서의 생존을 위해 아무리 강조해도 지나침이 없다.

이러한 자각과 함께 중소기업은 21세기 황금 산업인 하이테크 산업으로의 접근만이 21세기 질적 승부 시대에 살아남을 수 있다는 인식과 각오를 새롭게 해야 한다.